— 乡村振兴特色优势产业培育工程丛书 —

中国青稞产业发展蓝皮书

（2024）

中国乡村发展志愿服务促进会 组织编写

中国出版集团有限公司
研究出版社

图书在版编目（CIP）数据

中国青稞产业发展蓝皮书．2024 / 中国乡村发展志
愿服务促进会组织编写．— 北京：研究出版社，2025．7.
ISBN 978-7-5199-1904-7

Ⅰ．F326.11

中国国家版本馆 CIP 数据核字第 2025V2N310 号

出 品 人：陈建军
出版统筹：丁　波
责任编辑：张　璐

中国青稞产业发展蓝皮书（2024）

ZHONGGUO QINGKE CHANYE FAZHAN LANPI SHU (2024)

中国乡村发展志愿服务促进会　组织编写

研究出版社 出版发行

（100006　北京市东城区灯市口大街 100 号华腾商务楼）

北京建宏印刷有限公司印刷　新华书店经销

2025 年 7 月第 1 版　2025 年 7 月第 1 次印刷

开本：710 毫米 ×1000 毫米　1/16　印张：15

字数：237 千字

ISBN 978-7-5199-1904-7　定价：60.00 元

电话（010）64217619　64217652（发行部）

乡村振兴特色优势产业培育工程丛书
编委会

本书编写人员

主　　编：王凤忠

副 主 编：王丽丽　范　蓓　佟立涛　程若琼　佘永新

　　　　　黎　阳　张　悦

编写人员：（按姓氏笔画排序）

　　　　　王昊然　王学兵　王雪青　冯宗云　刘丽娅

　　　　　刘佳萌　孙　晶　孙培培　杨希娟　张文刚

　　　　　张文会　张娜娜　张想平　党　斌　陶　然

　　　　　黄亚涛　曾亚文

本书评审专家

（按姓氏笔画排序）

王瑞元　李金花　李俊雅　李聚桢　吴燕民

张忠涛　陈昭辉　赵世华　饶国栋　聂　莹

裴　东　谭　斌　薛雅琳

编写说明

习近平总书记十分关心乡村特色产业的发展，作出一系列重要指示。2022年10月，习近平总书记在党的二十大报告中指出："发展乡村特色产业，拓宽农民增收致富渠道。巩固拓展脱贫攻坚成果，增强脱贫地区和脱贫群众内生发展动力。"同月，习近平总书记在陕西考察时强调，产业振兴是乡村振兴的重中之重，要坚持精准发力，立足特色资源，关注市场需求，发展优势产业，促进一二三产业融合发展，更多更好惠及农村农民。2023年4月，习近平总书记在广东考察时要求，发展特色产业是实现乡村振兴的一条重要途径，要着力做好"土特产"文章，以产业振兴促进乡村全面振兴。2024年4月，习近平总书记在重庆主持召开的新时代推动西部大开发座谈会上强调，要坚持把发展特色优势产业作为主攻方向，因地制宜发展新兴产业，加快西部地区产业转型升级。

为贯彻落实习近平总书记的重要指示和党的二十大精神，紧密围绕"国之大者"，按照确保重要农产品供给和树立大食物观的要求，中国乡村发展志愿服务促进会认真总结脱贫攻坚期间产业扶贫经验，启动实施"乡村特色优势产业培育工程"，选择油茶、油橄榄、核桃、杂交构树、酿酒葡萄，青藏高原青稞、牦牛，新疆南疆核桃、红枣9个特色优势产业进行重点培育。这9个产业，都事关国计民生，经过多年的努力特别是脱贫攻坚期间的工作，具备了加快发展的基础和条件，不失时机地促进实现高质量发展，不仅是必要的，而且是可行的。中国乡村发展志愿服务促进会动员和聚合社会力量，促进发展木本油料，向山地要油料，加快补齐粮棉油中"油"的短板，是国之大者。促进发展核桃、杂交构树等，向植物要蛋白，加快补齐肉蛋奶中"奶"的短板，是国之大者。促进发展青藏高原青稞、牦牛和新疆南疆核桃、红枣，促进发展西北地区葡萄酒产业，是脱贫地区巩固拓展脱贫攻坚成果和实现乡村产业振兴的需要，也是实现农民特别是脱贫群众增收的重要措施。通过培育重点企业、强化科技支撑、扩大市场销售、对接金融资源、发布蓝皮书等工作，努力实现产业发展、农民增收、企业盈利、消费者受益的目标。

发布蓝皮书是培育工程的一项重要内容，也是一项新的工作。旨在普及产业知识，记录产业发展轨迹，反映产业状况，推广良种良法，介绍全产业链开发的经验做法，对产业发展进行预测、展望，营造产业发展的社会氛围，加快实现高质量发展。从2023年开始，我们连续编写出版了9个产业发展的蓝皮书，受到社会欢迎和好评。

2025年的编写工作中，编委会先后召开编写提纲讨论会、编写调度会、专家评审会等一系列重要会议。经过半年多的努力，丛书成功付梓面世。丛书的编写与出版，得到了各方的大力支持。在此，我们诚挚感谢所有参加蓝皮书编写的人员及支持单位，感谢评审专家，感谢出版社及各位编辑，感谢三峡集团公益基金会的支持。尽管已是第三年编写，但由于对9个特色产业发展的最新数据掌握不够全面，加之能力有限，书中难免存在疏漏谬误，欢迎广大读者批评指正。

下一步，我们将深入贯彻习近平总书记关于发展乡村特色产业的重要指示精神，密切跟踪9个特色产业的发展情况，加强编写工作统筹，进一步提升编写质量，力求把本丛书编写得更好，为乡村特色优势产业的发展贡献力量，助力乡村全面振兴。

丛书编委会

2025年5月

代　序

乡村振兴特色优势产业培育工程实施方案

中国乡村发展志愿服务促进会

2022年7月11日

　　民族要复兴，乡村必振兴。脱贫攻坚任务胜利完成以后，"三农"工作重心历史性转到全面推进乡村振兴。为贯彻落实习近平总书记关于粮食安全的重要指示精神，落实《国家乡村振兴局 民政部关于印发〈社会组织助力乡村振兴专项行动方案〉的通知》（国乡振发〔2022〕5号）要求，中国乡村发展志愿服务促进会（以下简称促进会）认真总结脱贫攻坚期间产业扶贫经验，选择油茶、油橄榄、核桃、酿酒葡萄、杂交构树，青藏高原青稞、牦牛，新疆南疆核桃、红枣9个特色优势产业进行重点培育，编制《乡村振兴特色优势产业培育工程实施方案》（以下简称《实施方案》）。

一、总体要求

（一）指导思想

　　以习近平新时代中国特色社会主义思想为指导，全面贯彻习近平总书记关于"三农"工作的重要论述，立足新发展阶段，贯彻新发展理念，构建新发展格局，落实高质量发展要求。按照乡村要振兴、产业必先行的理念，坚持"大食物观"，立足不与粮争地，坚守18亿亩耕地红线，本着向山地要油料、向构树要蛋白的思路，加快补齐粮棉油中"油"的短板、肉蛋奶中"奶"的短板，持续推进乡村振兴特色优势产业培育工程。立足帮助优质农产品出村进城，不断丰富市民的"米袋子""菜篮子""果盘子""油瓶子"，鼓起脱贫地区人民群众的"钱袋子"。立足推动农业高质高效、乡村宜居宜业、农民富裕富足，为全面推进乡村振兴、加快农业农村现代化提供有力支撑。

（二）基本原则

——坚持政策引导，龙头带动。以政策支持为前提，积极为产业发展和参与企业争取政策支持。尊重市场规律，发挥市场主体作用，择优扶持龙头企业做大做强，充分发挥龙头企业的示范带动作用。

——坚持突出重点，分类实施。突出深度脱贫地区，遴选基础条件好、带动能力强的企业，进行重点培育。按照"分产业、分区域、分重点"原则，积极推进全产业链发展。

——坚持科技支撑，金融助力。加强对特色优势产业发展的科研攻关、科技赋能作用，促进科研成果及时转化。对接金融政策，促进企业不断增强研发能力、生产能力、销售能力。

——坚持行业指导，社会参与。充分发挥行业协会指导、沟通、协调、监督作用，帮助企业加快发展，实施行业规范自律。充分调动社会各方广泛参与，"各炒一盘菜，共办一桌席"，共同助力产业发展。

——坚持高质量发展，增收富民。坚持"绿水青山就是金山银山"理念，帮助企业转变生产方式，按照高质量发展要求，促进产业发展、企业增效、农民增收、生态增值。

（三）主要目标

对标对表国家"十四五"规划和2035年远景目标纲要，设定到2025年、2035年两个阶段目标。

——到2025年，布局特色优势产业培育工程，先行试点，以点带面，实现突破性进展，取得明显成效。完成9个特色优势产业种养适生区的划定，推广"良种良法"，建设一批生产基地。培育一批龙头企业、专业合作社和家庭农场等市场主体，建立重点帮扶企业库，发挥引领带动作用。聘请一批知名专家，建立专家库，做好科技支撑服务工作。培养一批生产、销售和管理人才，增强市场主体内生动力，促进形成联农带农富农的帮扶机制。

——到2035年，特色优势产业培育工程形成产业规模，实现高质量发展。品种和产品研发取得重大突破，拥有多个高产优质品种和市场占有率高的产品。种养规模与市场需求相适应，加工技术不断创新，产品质量明显提升，销售盈利能力不断拓展，品牌影响力明显增强。拥有一批品种和产品研发专家，一批产业发展领军人才和产业致富带头人，一批社会化服务专业人才。市场主体发展壮大，实现一批企业上市。联农带农富农帮扶机制更加稳固，为共同富裕添砖加瓦，作出积极贡献。

二、重点工作

围绕特色优势产业培育工程目标，以"培育重点企业、建立专家库、实施消费帮、搭建资金池、发布蓝皮书"为抓手，根据帮扶地区自然禀赋和产业基础条件，做好五项重点工作。

（一）培育重点企业

围绕中西部地区，特别是三区三州和乡村振兴重点帮扶县，按照全产业链发展的思路遴选一批产业基础好、发展潜力大、创新能力强的企业，建立重点帮扶企业库，作为重点进行培育。对有条件的龙头企业，按照上市公司要求和现代企业制度，从政策对接、金融支持、消费帮扶等方面进行重点培育，条件成熟的推荐上市。

（二）强化科技支撑

遴选一批品种研发、产品开发、技术推广、工艺研究等方面的专家，建立专家库，有针对性地对制约产业发展的"卡脖子"技术难题进行联合攻关。为企业量身研发、培育种子种苗，用"良种良法"助力企业扩大种养规模。加强产品研发攻关，提高产品品质和市场竞争力。充分发挥企业家在技术创新中的重要

3

作用，鼓励企业加大研发投入，承接和转化科研单位研究成果，搞好技术设备更新改造，强化科技赋能作用。

（三）扩大市场销售

帮助企业进行帮扶产品认定认证，给帮扶地区产品提供"身份证"，引导销售。利用促进会"帮扶网""三馆一柜"等平台和载体，采取线上线下多种方式销售。通过专题研讨、案例推介等形式，开展活动营销。通过每年发布蓝皮书活动，帮助企业扩大影响，唱响品牌，进行品牌销售。

（四）对接金融资源

帮助企业对接国有金融机构、民营投资机构，引导多类资金对特色优势产业培育工程进行投资、贷款，支持发展。积极与有关产业资本合作，按照国家政策规定，推进设立特色优势产业发展基金，支持相关产业发展。利用国家有关上市绿色通道，帮扶企业上市融资。

（五）发布蓝皮书

组织专家编写分产业的特色优势产业发展蓝皮书。做好产业发展资料收集、整理、分析工作，加强国内外发展情况对比分析，在总结分析和深入研究的基础上，按照蓝皮书的基本要求组织编写，每年6月前对外发布上一年度产业发展蓝皮书。

三、保障措施

（一）组建项目组

促进会成立项目组，制定《实施方案》并组织实施。项目组动员组织专家、企业家和有关单位，分别成立9个项目工作组，制定产业发展实施方案并组织实施。做好产业发展年度总结，编写好分产业特色优势产业发展蓝皮书。

（二）争取政策支持

帮助重点龙头企业对接国家有关产业政策、产业发展项目。协调相关部门，加大帮扶工作力度，争取将脱贫地区重点龙头企业的产业发展规划纳入国家有关部门和有关地区的专项发展规划并给予支持。争取各类金融机构对重点帮扶龙头企业给予贷款、融资优惠,助力重点帮扶企业加快发展。

(三)坚持典型引领

选择一批资源禀赋好、发展潜力大、市场前景广的种养基地作为示范种养典型,选择一批加工能力精深、技术先进、效益良好的龙头企业作为产品加工示范典型,选择一批增收增效、联农带农富农机制好的市场主体作为联农带农富农典型。通过典型示范,引领特色优势产业培育工程加快发展。

(四)搞好社会动员

建立激励机制,让热心参与特色优势产业发展的单位和个人政治上有荣誉、事业上有发展、社会上受尊重、经济上有效益。加强宣传工作,充分运用电视、网络等多种媒体,加大舆论宣传推广力度,营造助力特色优势产业培育工程的良好社会氛围。招募志愿者,创造条件让志愿者积极参与特色优势产业培育工程。

(五)加强协调促进

充分利用促进会在脱贫攻坚阶段取得的产业发展经验和社会影响力,协调脱贫地区龙头企业对接产业政策,动员产业专家参与企业技术升级和产品研发,衔接金融资源帮助企业解决资金难题。发挥行业协会的积极作用,按照公开、透明、规范要求,帮助企业规范运行,自我约束,健康发展。

四、组织实施

(一)规范运行

在促进会的统一领导下,项目组和项目工作组根据职责分工,努力推进9个特色优势产业培育工程实施。项目组要根据产业特点组织制定专家库、重点帮扶企业库的建设与管理办法、产业发展培育项目管理办法,包括金融支持、消费帮扶、评估评价等办法,做好项目具体实施工作。

(二)宣传发动

以全媒体宣传为主,充分发挥新媒体优势,不断为特色优势产业培育工程实施营造良好的政策环境、舆论环境、市场环境,让企业家专心生产经营。宣传动员社会各方力量，为特色优势产业培育工程建言献策。

（三）评估评价

发动市场主体进行自我评价，通过第三方调查等办法进行社会评价。特色优势产业培育工程项目组组织有关专家、行业协会、企业代表，对9个特色优势产业发展情况、市场主体进行专项评价。在此基础上，进行评估评价，形成特色优势产业发展年度评价报告。

CONTENTS | 目录

第二章

青稞产业发展外部环境 / 029

第四章

青稞产业发展重点企业 / 079

第五章

青稞产业发展的代表性产品 / 129

第六章

青稞产业发展效益评价 / 171

第七章

青稞产业发展趋势与对策 / 191

绪　论

青稞，作为我国青藏高原及周边高寒地区的特色优势农作物，被称为"政治之粮""生命之粮""致富之粮"，在保障国家粮食安全、促进区域经济发展、助力乡村振兴战略、推动健康中国建设等方面，扮演着不可替代的重要角色。在新时代高质量发展与"双循环"战略格局下，青稞产业作为青藏高原独有的农业文明符号，正成为国家粮食安全、民族地区振兴、国民健康升级与中华文化传承协同发展的关键载体。

一、国家粮食安全的韧性屏障

全球气候变化与地缘冲突加剧的背景下，粮食安全的"中国方案"亟需多元化布局。青稞作为海拔3000米以上高寒地区唯一可规模化种植的主粮作物，以低需水、抗逆性强、生态友好的特性，在边疆高海拔地区形成了"不与主粮争地"的独特产能。其年产量占藏区粮食总产值的60%以上，不仅是边疆粮仓的压舱石，更为国家在极端气候与地缘风险中开辟了战略储备的新路径。2023年中央一号文件明确提出"加强特色杂粮产业带建设"，标志着青稞正式纳入国家粮食安全体系韧性网络。

二、民族地区乡村振兴的产业引擎

在脱贫攻坚与乡村振兴有效衔接的历史进程中，青稞产业成为撬动藏区现代化的金色杠杆。全产业链发展带动种植、加工、文旅三产融合，使每亩青稞产值从传统种植的1200元跃升至深加工产品的8000元，藏区农牧民人均收入

30%以上源自青稞相关产业。西藏自治区"十四五"规划将青稞精深加工列为十大工程，通过建设现代化产业园、培育龙头企业，打造"高原种子—智能种植—功能食品—文化IP"的产业闭环，让千年农耕文明与现代产业要素共振，为边疆民族地区共同富裕提供可持续动能。

三、国民健康升级的功能性食品标杆

在"健康中国2030"战略驱动下，青稞凭借"三低两高"（低GI、低脂肪、低致敏，高纤维、高蛋白）的营养特性，成为辅助调节代谢综合征的天然健康食品。科学研究证实，青稞富含β–葡聚糖、膳食纤维、抗氧化物质等功能成分，具有调节血糖、降低胆固醇、改善肠道微生态等健康功效。在慢性病防控和亚健康调理需求激增的当下，青稞制品已从区域性口粮升级为全民健康食品。从传统糌粑到控糖青稞挂面、代餐粉等创新产品，青稞制品在控糖食品、代餐市场及特殊医学用途食品领域展现出强大竞争力。京东健康数据显示，2023年青稞制品线上销售额同比增长217%，其中高青稞含量挂面、即食麦片等创新品类占据功能性谷物赛道45%份额。随着"全谷物行动计划"的出台，青稞产业正以科技赋能重塑国民膳食结构。

四、中华民族共同体意识的文化纽带

青稞承载着青藏高原数千年的农耕文明史，是各民族交往、交流、交融的物质见证。从藏族史诗《格萨尔王传》中的青稞赞歌，到列入非遗的传统耕种技艺；从布达拉宫壁画中的丰收场景，到现代化加工车间的智能生产线，青稞文化已形成完整的传承谱系。在铸牢中华民族共同体意识的新时代命题下，青稞产业通过文化IP开发、农文旅融合等创新模式，既保护了传统文化基因，又赋予其新的时代内涵，成为展示民族地区发展成就、促进各民族文化交流的鲜明符号。2023年"数字藏粮"工程启动的青稞基因库与文化数字化项目，更将这一"高原图腾"升华为铸牢中华民族共同体意识的情感载体。

本蓝皮书以系统思维解构青稞产业的多维价值，通过政策解读、数据分析与案例研究，全景呈现其在新时代背景下的战略机遇与发展路径。本书共分为七章，逻辑上层层递进，力求全面覆盖青稞产业的各个方面，尤其在以下几个方面体现出一定的创新和特色：

1. 数据的时效性与权威性

我们尽最大努力收集和采用了截至2023年底乃至2024年初的最新数据，并对数据来源进行了严格甄别，力求分析的客观准确。

2. 区域分析的深度与广度

对五大主产区的分析不仅仅停留在表面上，更深入到各区域的特色、痛点和发展潜力等方面，并进行了横向比较，增强了区域研究的针对性和借鉴意义。

3. 案例选择的典型性与启发性

所选企业案例覆盖了产业链的不同环节和不同发展模式，力求通过"解剖一只麻雀解决一类问题"，为行业提供可复制、可推广的经验。

4. 问题剖析的系统性与根本性

不仅仅只停留于问题表面，而是更注重挖掘深层原因，为提出精准对策奠定基础。

5. 对策建议的战略性与可操作性

既有宏观层面的战略思考，也有具体可落地的措施建议，力求兼顾长远发展和当前急需两项要求。

我们期待本蓝皮书能为政府部门、产业主体与学术界提供决策参考，共同推动青稞从"雪域瑰宝"向"国民新刚需"跨越，书写中国式现代化农业的高原篇章。

第一章

青稞产业发展基本情况

第一节　青稞产业发展背景

一、种植历史演变：从传统耕作到现代农业

新中国成立以来，青藏高原农业生产方式实现了从"刀耕火种、靠天吃饭"向现代化、集约化的根本性转变。通过品种改良（藏南、藏东、环青海湖等主产区历经3~5轮品种更新）、技术升级（灌溉、施肥、病虫害综合防治等全面普及）与机械化推广（耕种收综合机械化率达65%以上），青稞单产量从1951年的550千克/公顷跃升至3560千克/公顷，增长超6倍。在藏族人口增长一倍、播种面积缩减20%的背景下，人均青稞占有量仍从新中国成立初期的不足50千克提升至230千克以上，同时生产成本显著下降（人工成本从200元/亩降至100元/亩，生产资料投入减少40%），为高原粮食安全与产业升级奠定了坚实的基础。

二、营养与经济价值：从"高原口粮"到"功能食品"

青稞以其独特的"三高两低"（高蛋白、高纤维、高维生素，低脂肪、低糖）营养结构，成为谷物中的健康标杆。其富含的β-葡聚糖（含量达3%~8%）被证实具有调节血脂、血糖及增强免疫的功能，而γ-氨基丁酸（GABA）在缓解焦虑、改善睡眠等领域潜力显著。此外，青稞含有人体必需的氨基酸、12种微量元素及高于其他谷物的膳食纤维（1.8%）等营养成分，被誉为"消化系统的清道夫"。流行病学调查发现，青藏高原地区居民的糖尿病发病率比全国平均水平低，这可能与藏区民众长期食用青稞相关。青稞调控血糖的作用在近年来已逐渐成为人们研究和关注的焦点之一。血糖生成指数（Glycemic Index, GI）是反应血糖变化的重要指标，已有研究表明，青稞因富含膳食纤维、抗性淀粉、多酚等功能活性成分，具有较低的GI，是开发低GI食品的优良原料。

随着对其独特营养价值和健康功能的深入挖掘，青稞不再仅仅满足于初

级消费。通过精深加工，发展青稞功能食品、保健品、特色饮品以及生物医药中间体，极大地提升了产业链附加值。这不仅能有效带动农牧民增收致富，巩固拓展脱贫攻坚成果，更能创造大量就业岗位，促进一二三产业融合发展，为高原地区注入内生发展动力，成为名副其实的"健康之粮"与"致富之粮"。

三、战略地位：从"生命之粮"到"振兴支柱"

随着国家战略调整和区域发展需求的改变，青稞的战略内涵不断拓展，其角色也从单纯的"生命之粮"向着支撑区域发展的"振兴支柱"华丽转变。首先，在国家粮食安全大战略中，青稞的地位愈发重要。在高寒缺氧、耕地资源稀缺的青藏高原，青稞作为最主要的本土粮食作物，其稳产高产直接关系到区域口粮自给和粮食安全底线的稳固。保障青稞生产，就是保障国家粮食安全在特殊区域的战略支点，具有不可替代性。其次，在生态文明建设的背景下，青稞产业的可持续发展成为维护高原脆弱生态平衡的关键一环。推广抗逆、节水的青稞品种和绿色有机的种植模式，有助于减少化肥农药施用，保护雪域净土，践行"绿水青山就是金山银山"的理念，其生态战略意义重大。此外，青稞作为文化传承与旅游融合的重要载体，其战略价值也日益彰显。青藏高原逐步构建"种植—加工—流通—消费"全链条体系。目前已形成"合作社+龙头企业+电商物流"的产业化模式，带动休闲旅游、餐饮服务等关联业态发展。例如，西藏日喀则"青稞主题产业园"整合观光体验与产品展销，年接待游客超50万人次，实现三产融合增值。

四、全产业链发展：从单一作物到多元市场

2024年，青稞产业在政策扶持、科技创新和市场需求的共同推动下，已形成完整的"种植—加工—流通—消费"全产业链体系。该体系以青稞为核心，贯穿了从良种选育到终端消费的各个环节，并得到了科技、金融、政策及公共服务的强力支撑。其特点是：一产稳固（优质种植），二产做强（精深加工），三产搞活（高效流通与服务），并有强大的科技、金融、政策和公共服务体系作为坚

实后盾。这种全产业链协同发展的模式，旨在提升青稞产业的整体竞争力、抗风险能力和可持续发展能力，促进区域经济发展和农牧民增收（见图1-1）。

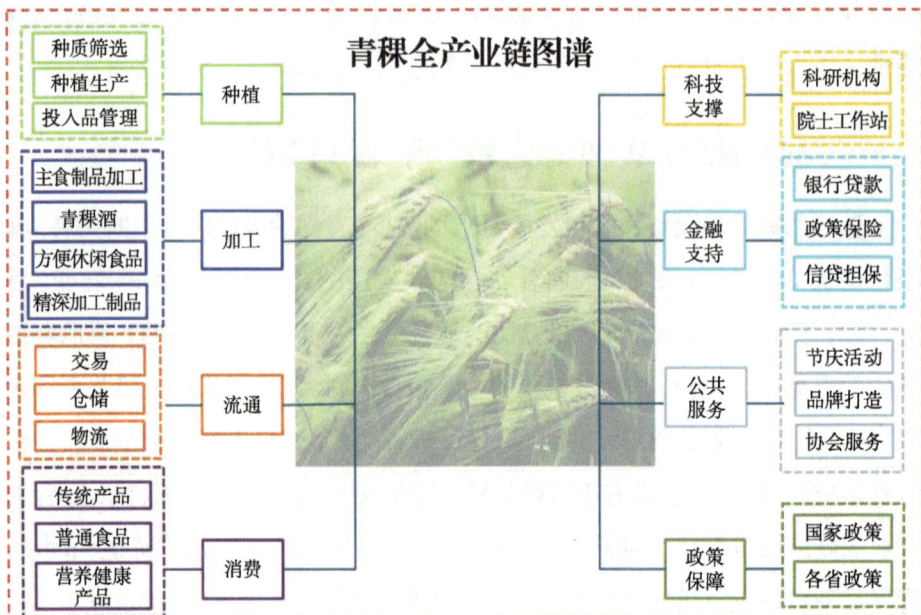

图1-1　青稞全产业链图谱

第二节　种植情况

一、青稞种植情况

（一）种植规模与区域分布

青稞作为青藏高原核心农作物，主要分布于西藏自治区及青海、四川、甘肃、云南四省涉藏州县，涵盖20个地级行政单元，垂直分布跨度达1400～4700米海拔梯度。2024年全国青稞播种面积487.2万亩，年产量130万吨，形成以农户分散种植为主体、规模化经营加速发展的产业格局。区域特征解析如下（见表1-1）。

西藏核心产区：西藏自治区的青稞常年种植面积保持在200万亩以上，是全国最大的青稞集中种植区,其主要种植区分布于日喀则、昌都、拉萨、山南等地区,其中日喀则和昌都种植面积和产量均占西藏自治区的2/3以上,产量也占总产量的2/3以上;拉萨和山南种植面积占西藏自治区的1/4左右,平均单产378.51千克/亩。河谷农区通过藏青2000等耐寒品种推广,提升复种指数至1.15。

青海核心产区:青海省青稞生产面积仅次于西藏自治区,常年播种面积约140万亩,产量26万吨左右,分别占全省粮食总播种面积和总产量的26%和22%。主产区主要分布在海南、海北、玉树藏族自治州和海西蒙古族藏族自治州。海南、海北等州依托冷凉气候优势发展有机青稞,认证面积达28万亩(占全省20%),但受霜冻灾害影响单产波动率超±15%。

其他核心产区:四川省青稞播种面积约75万亩,其中甘孜州播种面积49万亩左右,平均单产约200千克/亩。甘肃省种植面积达35万余亩,平均单产约158.5千克/亩,主要种植在甘南州、天祝藏族自治县、山丹县山丹军马场及祁连山高海拔地区。云南省种植面积约14.5万亩,其中迪庆约7.2万亩,总产量1.29万吨,平均单产约194.57千克/亩,占全年粮食作物总播种植面积的10.2%,占全年粮食作物总产量的7.57%。川西甘孜(49万亩)、滇西北迪庆(7.2万亩)等区域呈现"小而精"特点,通过"企业+基地"模式提升商品化率至65%(西藏为42%)。

表1-1 2024年青稞主产区种植效益对比

产区	播种面积(万亩)	年产量(万吨)	占产区粮食总产比
西藏	230.1	88.8	73.2%
青海	140.0	26.0	22.0%
四川	75.0	15.0	18.5%
甘肃	35.0	5.5	9.8%
云南	14.5	1.3	7.6%

注:数据来源于国家统计局2024年农业统计年报、各省区农业农村厅年度报告。

西藏、青海两大重点区域2016—2024年青稞种植面积、总产量变化如图

1–2所示。这张图表展示了2016年至2024年青稞的总产量（蓝色柱体，单位：万吨）和播种面积（橙色柱体，单位：万亩）的变化趋势。整体来看，青稞的总产量和播种面积在考察期内均呈现出显著的增长态势。总产量从2016年的84.4万吨稳步增长至2024年的114.8万吨。其间，总产量逐年递增，显示出青稞生产能力的持续提升。播种面积从2016年的266.5万亩扩大至2024年的366.03万亩。值得注意的是，播种面积在2017年达到274.7万亩后，于2018年出现了一次回落（降至261.36万亩），但从2019年开始恢复增长，并持续扩大。综上所述，数据显示了青稞产业在过去数年间，无论是在种植规模还是产出效益上都取得了积极的发展，反映出青稞种植的稳定性和增长潜力。

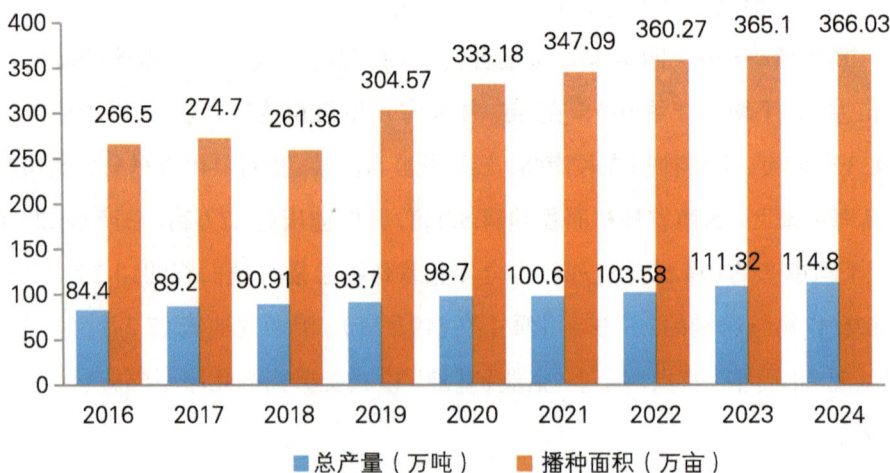

图1-2　2016—2024年西藏、青海青稞种植面积、总产量变化

注：数据来源于两省统计年鉴/国民经济和社会发展统计公报。

（二）种植结构

我国青稞种植面积中春青稞约占95%以上，冬青稞的种植面积不足5%。其中，西藏自治区青稞种植面积占青稞种植总面积的45%左右，主要种植春青稞；冬青稞种植面积不足3%，主要分布在林芝和昌都等地市。青稞在西藏自治区的种植历史悠久，品种类型有70多个。2024年，西藏自治区主推的青稞品种包括藏青2000、喜玛拉22号、冬青18号、藏青3000，同时兼顾藏青320、山青

9号、苏拉青2号和黑青稞等品种。青海省青稞种植面积占青稞种植总面积的29%左右，青海育成的主推品种有高产粮用品种昆仑15号，粮草双高品种昆仑14号、北青9号，加工专用品种昆仑17号等。四川省青稞种植面积约占青稞种植总面积的16%，主推品种为康青7号、康青9号、黑六棱等。甘肃省和云南省的青稞种植面积占比为10%左右。在甘肃省青稞种植区域中，甘南州种植品种主要为甘青4号、甘青6号、甘青8号、甘青9号等，其中自主选育品种甘青及黄青系列播种面积25.5万亩，占比达到90%以上；天祝藏族自治县主要种植品种为北青4号、昆仑14号、陇青1号等；山丹县种植品种主要为陇青1号。云南迪庆主要种植品种为云青2号、迪青3号、迪青6号等。

青稞现阶段总体育种目标可分为。

（1）粮草双高青稞品种：选育以早熟、抗倒、丰产、植株繁茂性好、生物学产量高为主要目标的青稞新品种，在满足青稞用粮的基础上，为农区和农牧交错区畜牧业的发展提供饲料支撑。

（2）籽粒高产青稞品种：选育以中早熟、半矮秆、高产、抗倒、抗病、耐寒为主要目标的青稞新品种，为保证藏区的粮食安全提供支撑。

（3）优质加工专用青稞品种：选育高产、适合精深加工用的优质青稞新品种，以满足青稞精深加工对原料的需求，通过青稞精深加工提高青稞附加值。

二、市场收购与成本收益情况

（一）市场收购情况

地方政府针对青稞种植区域出台秋粮收购政策，限定最低收购价格，指导粮食收购，稳定市场供应。一般情况下市场售价都略高于政府的保护定价，西藏自治区青稞收购价格为5.00~7.00元/千克；青海省青稞收购价为4.00~7.60元/千克；云南迪庆青稞收购价格为4.00~5.00元/千克，而对于蓝青稞、紫青稞、黑青稞等特殊品种，价格相对会更高；四川甘孜白青稞收购价约为4.00元/千克。2024年拉萨市出台青稞最低收购价与价补分离政策，青稞收购价补分离政策将在2024—2028年的秋粮收购期间执行，种粮农民可享受每千克0.2元的政府补贴。这一政策将在每年的秋粮收购阶段（即11月1日—12月31日）进行。在此期间，种粮农民可随时向政府委托的粮食收购企业出售国标三等及以上的当年当地产青稞。

拉萨出台青稞收购政策，加速农户自产青稞的商品化进程。根据政策，当地农户将青稞出售给企业或合作社，若销售数量达到200斤（含200斤）以上，每斤（非法定单位，1斤=500克）青稞可获得0.3元的补贴（即600元/吨）。通过这一销售政策的推动，不仅能够加速农户自产青稞的商品化进程，还将显著提升农牧民收入，促进农牧民持续增收。同时，这也为青稞加工经营主体降低成本、提高效率提供了双赢的局面。

（二）成本收益情况

目前，青稞种植主体仍以小规模农户为主，大规模合作化经营较少。由于地理、地质和地块等原因，种植区域的土壤肥力不高，耕种收综合机械化普及率低，需要投入大量的人力、物力等，导致生产成本增加。随着青稞种植全过程机械化技术的应用，劳动投入和生产资料投入部分减少。目前，人工成本约400元/亩，生产资料成本约300元/亩，单产为150～430千克/亩，单价在3.00～7.00元/千克，还有饲草料等副产物，总收入为600～6000元/亩。但各地区的生产投入、产量和价格各有不同，具体收益需要根据实际情况计算。

三、青稞种植现代化进程

（一）品种选育与更新换代情况

青稞要高产，品种是关键。我国青稞的育种基本以常规杂交育种为主，现在大规模示范推广种植的青稞品种基本都是通过杂交育种得来的。西藏自治区选育的藏青系列如藏青2000、喜玛拉系列如喜玛拉22号，青海选育的昆仑系列如昆仑14号，甘肃选育的甘青系列如甘青8号，四川选育的康青系列如康青7号等绝大多数的青稞品种都是杂交选育而成。

青稞的新品种选育和更新换代步伐也在不断加快。西藏自治区大力推广种植喜玛拉22号和藏青2000等青稞良种,青稞良种覆盖率达到92.1%。青海大面积种植昆仑14号和昆仑15号等,青稞良种覆盖率达到96%。甘肃主要种植甘青系列如甘青4号、甘青8号等,也有北青4号、陇青1号等,青稞良种覆盖率达到97%。根据目前高产、早熟、抗倒伏、加工品质等需求,各地也不断选育出新的青稞品种,如西藏藏青系列藏青3000、藏青16、藏青17、藏青18、藏青19、藏青20等,已经在西藏自治区进行示范推广种植;甘肃选育的甘青系列新品种如甘青10号、甘青11号等,陇青系列如陇青2号、陇青3号等;青海选育的北青系列如北青11号、北青12号、北青13号和昆仑19号,都已获得新品种认定或登记,加快了青稞品种的更新换代。各地陆续建立了原种繁育基地、原种繁育基地和良种繁育基地,提高良种覆盖率,保障品种纯度,促进青稞良种繁育的标准化、规模化。

(二)高标准农田建设情况

我国正处于从传统农业向现代农业过渡的关键时期,要实现保障粮食等主要农产品有效供给的目标,迫切需要下大力气改造中低产田、建设旱涝保收高标准农田。关于青稞的高标准农田建设正在进行中。其中,西藏自治区已累计建成高标准农田433万亩,占到2025年建设任务446万亩的97.09%。2024年续建和新建高标准农田67.4万亩。通过实施高标准农田建设,粮田变良田,亩产可以增加10%以上。青海全省已建成高标准农田460多万亩,为粮食产量连续15年稳定在100万吨以上作出重要贡献。甘肃省已建成高标准农田330多万亩,为全省粮食产量提供了坚实支撑。2022年,四川全省各级财政部门共投入资金146.42亿元,支持建成高标准农田487.16万亩、高效节水灌溉面积53.97万亩,粮食产量达到702亿斤。

(三)绿色高产高效栽培模式与技术

绿色高产高效栽培技术可有效减少化学农药用量,按照"绿色植保"理念,采用农业防治、物理防治、生物防治、生态调控以及科学、合理、安全使用农药的技术,在有效控制青稞田间病虫害的同时,确保农作物生产安全、农产品质量安全和农业生态环境安全,实现增产、增收;生物防控与精准高效施药相结合，提高青稞产量，促进青稞生产向绿色高效方向转型，为发展绿色高效农业奠定重要基础。青稞主要种植区域在青藏高原，由于环境条件恶劣和资源承载能力脆弱，青稞的绿色高产高效栽培技术推广至关重要。通过过程管理、高效栽培，可以改善农田环境、节约资源、提高产量。青稞绿色高产高效栽培技术是青稞产区农业绿色可持续发展的核心，有利于促进当地农业的可持续、绿色发展。

青稞绿色高产高效栽培的重要措施之一为轮作倒茬，青稞种植应尽量避免连作重茬，优良前茬为玉米、甜菜、油菜、马铃薯、向日葵及豆类、瓜类等中耕作物。前茬作物收获后应及时深耕平整土地，充分熟化土壤，提供深、细、平、实的土壤环境，施用底肥选择高温堆肥后的农家肥或商品有机肥；选择颗粒饱满、均匀一致的包衣种子，适期播种，合理密植。种植全过程中合理施肥、合理灌水、科学控制农药用量、病虫草害综合绿色防治、防止倒伏。适时收获、机械收割、充分晾晒、除杂入库。目前，青稞主产区一般选择优质种子、拌种包衣，采用测土配方施肥、推广施用有机肥，加强绿色病虫草害综合防治、科学控制农药用量，机械耕播收等。

（四）机械化情况

青稞主要种植区多为山地、沟地、坡地、沙石土地，全程实施机械化较困难，所以机械化生产普及率较低，农牧交错的地区更甚。2024年，西藏自治区主要粮食作物（青稞）耕种收综合机械化率达到71.7%，青海机械化率较高的地区达到92%以上，甘肃青稞生产综合机械化率达到85%以上，四川、云南青稞耕种收综合机械化率达到45%以上。随着政府部门的大力支持，青稞种植经营规模的不断扩大，专业合作社的形成，农技人员的不断攻关与创新，产业结构的调整，青稞全程机械化已开始应用，主要涉及良种精选、整地、播种、病虫害防治、收获等领域，形成了不同种植区域、不同地块适用不同的农机具，在河谷、平原地带以中型机械为主，山地以小型微耕机、小型人工播种机、小型割晒机和脱粒机为主的局面。

根据青稞种植的实际状况，提高青稞全过程综合机械化率需从以下方面进行改进：一是品种选育，选育抗倒伏、适宜机械化收获的青稞新品种；二是改进现有稻谷、小麦生产的机械以适应青稞生产机械化；三是设计新型的适用于青稞播种、病虫害防治、收获等全过程的机械。青稞种植全过程机械化，如播种机播种、无人机施肥、割晒打捆机、收割机或大型联合收割机等机械的应用，不仅可以降低劳动强度、省时、省力、节约成本，还提高了青稞生产效率。

第三节　加工情况

一、青稞加工基本情况

（一）总加工量与产业支撑情况

青稞加工利用的形式主要包括种子、青稞米、青稞粉、糌粑、酿酒、精饲料及其他食品加工等，目前青稞精深加工规模达到30万吨以上，青稞主产区西藏和青海是青稞产业化加工转化做得较好的省区。2024年，西藏自治区青稞年总产量88.8万吨左右，青稞年加工转化量为16万吨，加工转化率为18%以上，产值超过14亿元；青海青稞年总产量26万吨左右，加工转化量约12万吨，加工转化率为46%左右。

青稞产业兴旺对于涉藏地区实施乡村振兴战略意义重大。某种程度上，青稞产业成为西藏自治区农牧民群众的重要就业渠道，是农区家庭经营性收入的重要来源。相关部门引导农户以土地为纽带，通过向合作社、公司以土地入股等方式，将青稞产业向农村纵深延伸，并带动实地就业。产业发展产生收益后，公司、合作社、农户折股量化、按股分红，让农户获得更多的一二三产业发展带来的增值。通过技能培训、岗位开发、入股分红、产业壮大、消费帮扶等联结方式，促进群众稳定增收，提升群众发展致富能力。

优化青稞产业布局，培育新型农业经营主体。规模化新型农业经营主体是农业现代化的引领力量，发展多种形式的适度规模经营，支持符合条件的青稞种植大户创办家庭农场，并深入开展新型农业经营主体、新型职业农民培训，培养一批懂技术、会经营、善管理的产业发展带头人。如西藏春光食品公司以发展西藏地区地域特色为重点，以公司发展带动农民致富、实现双赢为根本，将散户经营者变为集约经营，将原来局限于一家一户生产的散户集中起来，建设标准化青稞种植基地，对种植基地和农户实行科学种植管理，为农户提供相关信息、开展采购生产、引进新品种、组织技术辅导和培训，为农户解除后顾之忧，组成了"公司+专业基地+农户"的经济共同体，直接带动农户1000余户，间接带动农户4000余户，每户增收9500余元。解决当地21名农牧民就业问题，提供季节性农牧民就业岗位27个，农牧民月平均工资为2500元。四川甘孜县格萨尔青稞文化园2024年收购青稞1300吨，实现群众增收近600万元，生产销售青稞产品近1400万元，惠及全县179个行政村8490户农户。

（二）产品类型结构

青稞是酿造工业、饲料加工业、食品加工业的重要原料，现阶段青稞相关产品主要是初加工产品，产品类型主要有青稞主食类如青稞米、青稞粉，青稞饮品类如青稞酒，青稞方便食品如青稞饼干，青稞功能类产品如青稞低GI饼干。市场上流通的青稞相关产品品类虽不少，但产品同质化程度高、替代性强、竞争激烈，针对青稞副产物、青稞功效成分等高附加值的健康产品生产加工较少。

从青稞加工产业发展现状看，西藏和青海是青稞产业化加工转化做得较好的省区，但还存在一些问题。例如，企业加工方式简单、管理粗放、产业链条较短、产品种类少、缺少高附加值产品，青稞产品销售市场规模有限。随着政府、企业等各方对青稞的大力宣传及居民生活水平的提高和膳食结构的改善，市场对营养健康、绿色有机青稞原料的需求空间增大，研发青稞副产物相关产品、青稞保健功能与食品医药等高附加值产品，更加受到人们的青睐。因此，加速专用型、特殊品质型、营养健康型等优质青稞产品产业化经营，延长并完善全产业链，能够不断提升和激发青稞产品兼具型企业的市场竞争力与发展活力，进一步促进区域特色产业融合。

二、加工企业现状

（一）数量、结构

青稞加工主体以家庭、个体作坊和小型企业为主，大型龙头企业较少。2024年，全国青稞食品加工企业近200家。西藏全区青稞加工企业53家，其中以青稞加工为主的市级以上农牧业产业化重点龙头企业37家。青海主要青稞加工企业58家，其中规模以上企业30家。甘肃省甘南州、天祝藏族自治县、山丹县共有青稞产品加工企业或合作社60余家，规模化青稞加工企业10余家。四川省甘孜州青稞加工企业17家，已成功培育省级龙头企业2家、农民专业合作社77家。云南省青稞加工企业10余家。

受青稞原料和运输条件等因素影响，青稞产品生产企业主要集中在西藏自治区、青海、甘肃、四川、云南等地区。青稞粉（青稞糌粑）和青稞米的大规模生产企业集中在西藏自治区和青海，如西藏奇正青稞健康科技有限公司每年需要消耗1000吨以上青稞原料，主要生产青稞米、青稞粉、青稞饼干和青稞挂面等产品；西藏春光食品有限公司每年需要消耗560吨以上青稞原料，主要生产青稞粉、青稞米和青稞面包等休闲食品；西藏德琴阳光庄园有限公司每年需要消耗200多吨青稞原料，主要生产青稞米和青稞粉。青稞酒的生产企业主要分布在西藏、青海、甘肃、四川和云南，生产规模较大的青稞酒生产企业如青海互助青稞酒股份有限公司年消耗青稞量上万吨，主要生产青稞白酒；西藏藏缘青稞酒业有限公司年消耗青稞量6000吨，主要生产传统青稞酒、藏窖坊系列青稞白酒、虫草青稞酒、藏红花青稞酒、青稞精粮等青稞酒系列产品；西藏桑旦岗青稞酒业有限责任公司年消耗青稞量1300吨，主要生产传统青稞酒。以四川米老头食品工业集团股份有限公司为代表生产的休闲食品，青稞年加工量300吨，主要生产青稞米饼和青稞米棒。青稞麻花、青稞方便面等休闲食品，青稞功能食品等产品当地也有少量生产，部分企业以委托方式在重庆、江苏、浙江、山东、河南等地区进行生产。

（二）经营模式

青稞产业商业化运作的主要特点是产供销分离，缺乏产供销一体化实体。青稞的种植者主要是农户，而加工和销售实体主要是从事青稞加工的企业。经营模式大体分为三种。

1."企业 + 农户"模式

"企业+农户"模式在青稞加工模式中比较常见，该模式一般由企业从农户手中直接取得土地使用权或承包农户的土地使用权，建立一体化基地，实现农、工、商一体化经营，可抵御市场风险，克服种植规模小而散等弊端，也可以实现青稞加工企业所需原料集中种植的目标，有利于保证加工原料的品质。

2."企业 + 政府 + 农户"模式

企业是市场的主体。针对一些县区资源禀赋差、经营主体少、产业扶贫难的问题，由政府牵头与青稞加工企业对接，将部分县区的产业资金嫁接到已经发展成型、取得较好经济效益的加工企业。企业所需的加工原料优先从对接县区农户处收购，在收购过程中所需的人力及运输工具等都充分利用当地资源，从而增加农户收入。

3."企业 + 科研机构 + 政府 + 基地"模式

随着青稞加工业的快速发展，企业对科研、加工原料及销售重视度的提高，部分青稞加工企业采用了"企业+科研机构+政府+基地"模式进行生产经营，如西藏德琴阳光庄园有限公司。在政府推动下，企业在部分青稞主要产区建立青稞原料生产基地，农户则按照企业要求进行种植，或由企业统一种植。产品研发上与区内外科研机构建立合作机制，而政府进一步引导、搭台，助力企业参加国内大型产品展销等活动，强化推广和销售能力。该模式有机整合了青稞原料种植、加工、新产品研制及销售的完整环节，有利于发挥各机构优势资源，推动青稞产业化高效发展。

三、青稞加工业现代化进程

（一）加工技术

青藏高原独特的生态环境——高海拔、强紫外线、低温、低氧以及相对滞后的基础设施，为青稞的现代化加工带来了额外的挑战与特殊要求。例如，原料的收获、筛选、初加工可能面临气候条件的制约；加工设备的选型需考虑高原环境对其性能和能耗的影响；加工工艺参数的设定（如发酵温度、干燥速率）也需针对性调整。因此，青稞食品的精深加工必须进行系统性考量，涵盖从优良品种的选育与标准化种植（源头控制），到精细化的原料筛选与预处理，再到科学的工艺条件设定、先进加工方式的选择，乃至后续的包装、贮藏保鲜及高效物流运输等每一个环节。在这一背景下，各类现代食品加工新技术，如非热加工技术、生物技术、精准分离与提取技术等，因其高效、低耗、精准，能更好保留营养与风味的特性，展现出在青稞产品开发中广阔且迫切的应用前景。

目前，围绕市场上日益多样化的青稞产品形态，已初步构建起一套相对成熟且不断发展的加工技术体系。这些技术的创新与集成应用，是推动青稞产业升级的关键所在。

1. 基础原料加工技术

制粉技术：青稞粉是诸多青稞产品的基础。传统的干法制粉工艺相对简单、能耗较低，通过对青稞籽粒的清理、去壳（或不去壳，生产全青稞粉）、研磨、筛分得到不同细度的青稞粉。然而，干法研磨易产生粉尘，且摩擦热可能对部分热敏性营养素造成影响。湿法制粉则通过水磨或浸泡后研磨，能有效降低粉尘和摩擦热，并有助于分离部分水溶性杂质，但设备投入和后续干燥能耗相对较高。近年来，超微粉碎技术（如气流粉碎、低温粉碎）的应用日益广泛，它能将青稞粉碎至微米甚至纳米级别，显著提高粉体的溶解性、分散性和生物利用率，改善口感，并能更充分地释放细胞内活性成分。

青稞米加工：通过碾米或抛光技术，生产类似大米的青稞米产品，保留部分麸皮和胚芽，提供良好的口感和营养，常与大米混合蒸煮后食用，又称杂粮饭，长期食用具有调节血糖，降低胆固醇，提高免疫力等功效。青稞经过抛光后，轮廓更薄，看起来更像大米，同时吸水率提高，蒸煮后质地也得到改善。但是目前企业加工青稞米时存在过度碾磨的现象，极易导致产量降低并损失掉皮层和胚中大量的营养成分。目前，通过改变原有的加工方法以及采用新的加工技术来改善青稞米品质成为研究者开展研究的重点。采用高温流化技术处理青稞后，使其能与大米同煮同熟，且煮后青稞米的咀嚼性降低、黏附性增加，但青稞米淀粉颗粒间隙增大、结晶度下降。过热蒸汽处理也是一种有效的加工技术，经180℃过热蒸汽处理2分钟后的青稞米蒸煮时间缩短了2分钟，但使其硬度和咀嚼性增加，黏附性减小。

2. 传统与现代发酵酿造技术

青稞酒酿造：青稞酒是藏族文化的瑰宝。传统工艺多为固态或半固态自然发酵，风味独特。现代酿酒技术在此基础上进行革新，包括优良菌种的筛选与纯种培养（如特定的酵母菌、根霉菌），发酵过程的精准控制（温度、湿度、pH、通气量），以及蒸馏技术的优化（如多塔连续蒸馏、减压蒸馏），以提高出酒率、稳定酒质并赋予产品更丰富的香气层次。同时，非蒸馏青稞酒（如青稞啤酒、青稞黄酒/米酒）的开发也方兴未艾，通过现代啤酒酿造工艺或改良的黄酒酿造工艺，赋予青稞新的生命力。

3. 休闲与功能性食品加工技术

挤压膨化技术：这是生产青稞麦片、早餐谷物、休闲零食（如青稞脆、青稞条）的核心技术。通过单螺杆或双螺杆挤压机，在高温、高压、高剪切力作用下，青稞中的淀粉糊化、蛋白质变性，并在模头处瞬间减压膨化，形成多孔疏松的结构，赋予产品酥脆口感和良好的复水性。挤压过程还能起到一定的杀菌作用。

酶法改良技术：应用于青稞面包、饼干、糕点等。需要研究青稞粉（尤其是高β-葡聚糖含量）对面团流变学特性和焙烤品质的影响，并进行配方和工艺的优化。酶改良剂在提高面团加工性能、改善面团品质、增加产品风味等方面发挥着重要的作用。常见的酶制剂如α-淀粉酶、蛋白酶、谷氨酰胺转氨酶、葡萄糖氧化酶、戊聚糖酶等已经广泛应用于面制品研究和加工。酶既有专一作用，又具有协同作用的特点，选用适合的酶制剂复合使用，不仅可以提高面团的附着力、耐酸度和发酵性，也可以提高面团的流变学性质、加工能力以及延长保质期，为面制品的生产提供了一些环保、安全、高效的改良方式。

4. 青稞副产物高值化利用技术

青稞加工过程中产生的麸皮、胚芽等副产物富含膳食纤维、维生素E、植物甾醇等有益成分。超声波辅助提取、微波辅助提取、酶法提取、超临界CO_2萃取等高效、绿色的提取技术，可用于从这些副产物中提取β-葡聚糖、酚类化合物、功能性油脂等高附加值活性物质，用于功能食品、保健品或化妆品原料的开发，实现资源的梯级利用和价值最大化。

青稞加工业的现代化进程，是一个以市场需求为导向，以科技创新为核心驱动，深度融合传统智慧与现代科学技术的系统工程。它要求从业者不仅要精通单一的加工技术，更要具备整合运用多学科知识、构建高效协同的加工技术体系的能力，从而不断拓展青稞的应用领域，提升产品附加值，让这一古老的高原瑰宝在新时代焕发出更加璀璨的光彩，为人类健康事业作出更大贡献。

（二）产品研发情况

目前，市场上已有很多青稞食品，如青稞米（精米、水晶米）、青稞粉（糌粑、青稞精粉、青稞自发粉、青稞营养粉）、青稞面条（挂面、干脆面、方便面）、青稞面包、青稞馒头（花卷）等主食类；青稞年糕、青稞麦片、青稞饼干、青稞糕点等休闲方便食品类；青稞茶、青稞露、青稞八宝粥、青稞汁、青稞麦芽汁、传统青稞酒、青稞啤酒、青稞白酒等酒品饮料类；青稞复配冲调粉、青稞麦绿素、青稞能量棒等营养功效类。虽然市场上的青稞相关产品较多，但产品类型较单一，同类化、同质化程度较高，竞争较为激烈，而青稞高附加值的健康产品研发、生产、销售较少，青稞籽粒没有得到充分研究和利用。随着人们生活水平的不断提高、饮食结构不断调整、各种慢性疾病的年轻化，以及人们对健康意识的提高，科研人员通过不懈努力，加大了青稞副产物、青稞功效成分等的研究和相关产品的开发力度，充分挖掘青稞价值，提高青稞产品的附加值，促进青稞产业大力发展。

以青稞为原料，开发保障血糖健康产品的相关研究报道也不断出现。2021年以来，西藏奇正青稞健康科技有限公司的青稞脆片、青稞米饭、青稞珍珠米、青稞黄精米饭、青稞米、低GI青稞无糖饼干6个产品获得了低GI食品认证，并在市场上进行销售。相关青稞全麦面包产品也有销售，并具备一定的餐后血糖控制能力，中国农业科学院农产品加工研究所开发的青稞荞麦红豆包，经人体实验，测得GI值为46，该产品转化落地于秦皇岛在旗食品，成为该公司低GI主食的重要产品之一。鉴于青稞在辅助降血糖领域的巨大潜力，越来越多的功能性食品已将青稞作为原料开展各种新型食品的研制和开发，青稞冲调粉等全谷物产品、青稞谷物饮料和发酵型青稞谷物饮料等青稞饮料产品涌现，充分利用青稞全籽粒，满足不同功能食品消费需求，有效提高了青稞价值。

青稞麸皮是青稞产品加工中主要的副产物，占青稞质量的20%，是开发高纤维功能食品的物质基础。以青稞嫩叶粉和麦绿素为原辅料可制作营养复配粉、面条、糕点、饼干、米线、面包等特色产品，不仅丰富了产品的品类，还可改善风味，提高感官品质，并增强产品的营养，赋予其功效作用。青稞膳食纤维是研发植物基饮料的优质原料，也是保健休闲产品的良好原料，可作为辅料添加到酸奶、牛奶、豆奶以及固体饮料中，制作高品质的饮品，还可以添加到糖果中，研发新型功能性糖果；此外，还可以研发出高青稞膳食纤维的其他产品，如代餐粉、饮料、饼干等新型食品。

整体而言，青稞副产物综合利用程度低，但青稞富含β-葡聚糖、γ-氨基丁酸、多酚、多糖、花青素等多种有效功能成分，且已有报道其功效成分的提取制备技术。然而，市场上相关类型产品还较少，标准也较为缺乏，生产流程、工艺还不够明确，还需加大研究力度，推进青稞精深加工，实现对青稞副产物的充分利用，开发出更多富含β-葡聚糖、多酚等功能因子，能够满足不同消费群体需求的功能产品，提高青稞产品的附加值，推动青稞产业发展。

（三）设备现代化自动化情况

农产品加工机械自动化可大幅度提高生产的效率和精度，降低生产成本，节约资源，提高农产品品质和安全生产。青稞独特的功能性营养成分可用于食品类产品生产原材料，秸秆及麸皮等副产物可作为畜禽饲料。从事青稞相关生产加工的企业、合作社等基本都在当地，技术落后、人员缺少、设施设备落后的问题有待改善。有一定规模的生产企业基本实现了工业化生产或部分操作步骤半自动化生产，但农村合作社、小型作坊和家庭作坊等小型加工厂，只有部分能够工业化生产。青稞产业发展还需加快推进先进、自动化现代设备的应用。

第三节　营销情况

一、销售情况

（一）销售量

随着人们生活水平的提高、膳食结构的改善、对健康饮食的重视以及涉藏地区旅游业的发展和青稞产品的广泛宣传，以青稞为主要原料的绿色健康食品、饮品越来越受到人们的青睐，市场对营养健康、绿色有机青稞原料的需求空间增大。生产和销售规模较大的青稞产品主要有青稞粉、青稞米和青稞酒，其他青稞产品生产销售规模较小。青稞粉行业已经发展成为一个规模较大的产业，市场主要分布在西藏自治区、青海、四川、云南等省区，此外，青稞粉的市场需求也在不断增加，在全国内的销售范围也逐渐扩大。青稞米营养丰富，符合现代人们对健康饮食的需求，市场规模不断扩大，在全国范围内都有销售。藏族人民饮用青稞酒的历史源远流长，主要有传统青稞酒、青稞白酒和青稞啤酒。传统青稞酒生产、销售主要在涉藏地区，知名品牌有喜孜青稞酒和喜充江孜青稞酒。青稞白酒的生产、销售范围较广，全国有青稞白酒生产企业上千家，白酒的品类和品牌也很多，知名的有青海互助的天佑德和西藏藏缘的青稞白酒等，市场前景广阔。

（二）销售价格

近年来，青稞产品的销售价格呈现波动上升趋势，但受产业链深化、市场供需变化和政策调控等多重因素影响，不同品类价格走势存在差异，产品的销售价格呈现结构性分化和整体价值提升的趋势。其中原粮和初加工产品价格可能保持稳中有升的状态，受供需、成本和政策影响较大。深加工和高附加值产品是价格增长的主要驱动力，其价格更多由品牌、技术、市场营销和消费升级趋势决定，具有更大的弹性和增长空间。

基础价格走势稳中有升（见表1-2），2016—2024年，青稞原粮收购价从2016年的2.8～3.2元/千克上涨至2024年的4.5～6.0元/千克，年均涨幅约6.5%。阶段性波动：2020年受疫情初期物流受阻影响，价格短暂冲高至6.2元/千克，随后回落；2022年后因精深加工需求增加，价格重回温和上涨通道。区域分化明显，西藏、青海核心产区：政策保护性收购价稳定；川西、云南等新兴产区：市场化程度高，但受外销渠道限制，供需匹配度较低。

加工产品价格：传统糌粑价格从25～30元/千克升至40～45元/千克，青稞酒（500毫升装）主流价位从50～80元提升至80～120元，精深加工产品（如β-葡聚糖）价格保持80～120元/100克高位。

表1-2　细分市场表现

产品类别	2016年均价	2024年均价	涨幅	备注
原粮（一等）	3.0元/千克	5.25元/千克	100%	主产区价格
传统糌粑	28元/千克	42元/千克	50%	手工制作产品更高
青稞米	15元/千克	25元/千克	67%	小包装产品占主流
青稞啤酒	6元/听	10元/听	67%	精酿系列达15～20元/听
青稞麦片	40元/500克	65元/500克	63%	有机认证产品+30%

价格驱动因素：

（1）成本推动型上涨：种植成本年均增长8%（地租+15%，人工+20%），加工环节能源成本上涨30%以上，物流成本占终端价格比重从12%升至18%。

（2）需求拉动因素：健康消费理念带动需求年增15%，电商渠道占比从2016年8%提升至2024年35%，精深加工产品溢价率达200%~300%。

（3）政策调控影响：最低收购价政策托底作用明显，绿色食品认证产品溢价15%~20%，西藏等主产区品牌保护措施强化。

青稞价格体系正从"产量驱动"转向"价值驱动"，未来价格分化将更加显著。企业需聚焦高附加值赛道，通过技术创新和品牌建设缓解成本压力，而政策层面需平衡稳供与市场化，推动产业链整体价值提升。

（三）销售渠道

市场上销售的青稞产品有几大类，销售渠道也各有不同。青稞的主食产品如青稞米、青稞粉、糌粑等的销售主要包括订单销售、厂家直销、批发和零售等多种模式。青稞方便休闲食品等的销售模式有品牌加盟、直营店、电商平台等多种形式。除了传统实体店，借助电商平台、扶贫特色农产品集中采购等多种销售方式也大大增加了青稞产品的销量和范围。

商超入驻、电商销售、直播带货等多样化、现代化的流通体系为产品销售提供了新的模式。同时可根据不同消费群体多元化、多层次的需求，采用不同的营销方式。例如，利用抖音、快手、产品展示会和推介活动等加大产品的宣传力度，通过京东、淘宝等电商平台，网络直播带货、社群营销等方式促进产品的销售和流通，利用政策补贴叠加商家优惠等方式提高产品的市场份额。

此外，"农事+旅游"也是促进二三产业融合发展的一种重要方式。结合青稞传统农产品和现代加工产品展示，打造集"农业观光、休闲度假、农耕体验"为一体的青稞节庆品牌，将带动农业、旅游业、服务业深度融合，实现经济效益与社会效益双丰收。随着对外开放力度的不断加大，结合涉藏地区边境优势，青稞外贸将成为青稞产业的另一个增长点。

二、品牌建设

（一）绿色、有机、地理标志产品认定情况

"三品一标"（达标合格农产品、绿色食品、有机食品和农产品地理标志）

是政府主导的安全优质农产品公共品牌，推进农产品"三品一标"认证和品牌打造，是助力乡村振兴的重要举措，是提升农产品竞争力的重要途径，能够加速农业产业化进程，有效促进农民增收致富。

2023年，根据《国家知识产权局办公室关于确定第二批地理标志运用促进重点联系指导名录的通知》（国知办发运字〔2023〕44号）文件内容，西藏自治区隆子黑青稞糌粑、青海省互助青稞酒成功入选国家第二批地理标志运用促进重点联系指导名录。截至目前，西藏自治区、青海、四川、云南、甘肃等地区青稞地理标志产品主要有隆子黑青稞、古荣糌粑、乃东青稞、察雅黑青稞、洛隆糌粑、隆子黑青稞糌粑、同仁青稞、玉树黑青稞、门源青稞、互助青稞酒、库泽黑青稞、甘孜青稞、香格里拉青稞。

为充分发挥认定基地的示范带头作用，涉藏地区深入推进品种培优、品质提升、品牌打造和标准化生产，在前期获批的西藏自治区隆子县热荣乡等黑青稞"三品一标"基地、青海省共和县塘格木镇青稞良种"三品一标"基地的基础上，西藏自治区昌都市丁青县觉恩乡小蓝青稞标准化基地、青海玉树州囊谦县吉曲乡黑青稞基地被认定为第二批全国种植业"三品一标"基地。此外，西藏自治区成功创建了"西藏自治区曲水县全国有机农产品（青稞、油菜籽等）基地"，西藏自治区山南市乃东区绿色食品青稞原料基地的青稞顺利通过验收，基地青稞种植面积达5万亩，产量达1.88万吨，成为西藏首个全国绿色食品原料基地。

（二）标准化建设情况

青稞产业标准化建设需从原料、加工、包装及贮运整个过程的关键控制点，构建产品规范生产操作规程，推动青稞产品的标准化加工，形成全面的品质控制体系，使产品质量体系更加健全。据统计，青稞行业现行标准共计135项，其中国家标准2项，行业标准2项，地方标准46项，团体标准20项，企业标准65项。通过规范生产标准和流程，可以进一步确保青稞生产加工企业产品的安全性、健康性、可靠性，进一步提高企业生产效率及效益。

（三）品牌建设情况

品牌建设是青稞产品成功营销的基础，在产品创新战略中占据重要地位。青稞产品定位可以在强调营养健康的同时，充分结合其传统文化色彩，推动产品品牌高端化。青稞现有西藏青稞、青海青稞、隆子黑青稞、门源青稞、玉树黑青稞、香格里拉青稞、甘孜青稞等区域公用品牌。青海省目前已培育农牧业区域公用品牌29个，20个被认定为中国驰名商标。"西藏青稞"区域公用品牌于2022年正式发布，创建了西藏自治区第一个农牧业行业区域公用品牌，基于世研指数影响力评价体系，从竞争力、品牌力和传播力三个维度进行综合评价，2024年农产品区域公用品牌影响力TOP10排序中，"西藏青稞"排名第7。截至2024年底，西藏自治区有"奇正""藏家金谷""圣禾""吉祥粮""雪域圣谷"等60多个青稞加工企业品牌。

此外，玉树黑青稞被纳入"全国名特优新农产品"目录，西藏自治区山南市隆子县经世界纪录认证（WRCA）、官方人员现场审核，被确认为"世界最大黑青稞种植基地"。这将有效推动青稞产业资源整合，进一步提升青稞知名度，提高青稞产业的核心竞争力，助力青稞产品走向国内、国际市场。产业发展在加强品牌建设的同时，还需多措并举，严控产品质量，强化宣传推介，拓宽销售渠道，切实提高品牌在消费者心中的影响力，提升青稞产品品牌的竞争力及综合效益。

第二章

青稞产业发展外部环境

　　青稞，作为青藏高原地区最具代表性的粮食作物，以其卓越的耐寒性、生长期短、高产早熟以及广泛的适应性，成为高海拔、高寒地带赖以生存的主要粮食来源。它不仅是青藏高原地区独具特色的优势产业，更是全面实施乡村振兴战略、保障国家粮食安全和重要农产品有效供给的重要抓手。青稞在保障藏族地区粮食安全、维护边疆长治久安等方面发挥着不可替代的作用。因此，深入剖析青稞产业发展的外部环境，对于准确把握发展机遇、有效应对潜在挑战，进而推动青稞产业实现高质量可持续发展具有至关重要的战略意义。本章将从政策环境、技术环境以及市场需求三个维度，对青稞产业发展的外部环境进行全面而深入的分析。

第一节　政策环境

一、国家层面对青稞产业的促进政策

　　2004—2024年，国家连续21年发布以"三农"为主题的中央一号文件，充分体现了"三农"在中国社会主义现代化建设中的基础性地位，以及党中央、国务院对"三农"工作的高度重视。2024年2月3日发布的《中共中央、国务院关于学习运用"千村示范、万村整治"工程经验有力有效推进乡村全面振兴的意见》，对标建设农业强国，从确保国家粮食安全、确保不发生规模性返贫、提升乡村产业发展水平、提升乡村建设水平、提升乡村治理水平等方面提出了明确要求和具体部署。文件强调，要树立大食物观，多渠道拓展食物来源；深入实施种业振兴行动，强化科技支撑；做大做强乡村特色产业，推进农村一二三产业融合发展。国家历来高度重视青稞产业的发展，在科研育种、良种繁育、科技推广、机械化应用、产业链延伸等方面提供支持，不仅给予了青稞种植户和加工企业多项补贴和税收优惠政策，还加大了对青稞科技研究和产业发展的投入力度。

近年来,国家层面高度重视并积极推动青稞产业的健康与可持续发展,将其视为构建多元化食物供给体系、保障国家粮食安全与营养健康的重要组成部分。在国家战略指引下,一系列针对性政策措施相继出台,为青稞产业的振兴注入了强大动力。在保障粮食安全和优化膳食结构的宏观背景下,青稞作为一种适应高原独特生态环境、具有悠久种植历史的特色粮种,其战略价值日益凸显。国家鼓励发展特色优势农业,支持青稞等区域性作物的稳产增产,将其纳入更广泛的食物来源,以丰富国民的"米袋子"和"菜篮子",提升食物供给的韧性与多样性。

为响应"健康中国"战略,国家大力倡导增加全谷物摄入量,作为全谷物家族中的重要一员,青稞不仅营养丰富,还具有独特的地域和文化价值。2024年12月24日,七部门联合在国家粮食和物资储备局网站发布的《国家全谷物行动计划(2024—2035年)》为全谷物青稞的发展带来新的机遇,预示着这一古老而营养丰富的谷物将在未来熠熠生辉。青稞富含β-葡聚糖、膳食纤维、维生素及多种微量元素,在改善国民营养结构、预防慢性疾病方面的潜力受到高度认可。因此,国家政策鼓励对青稞进行营养价值的深度挖掘与宣传推广,支持开发符合现代消费需求的青稞全谷物食品,引导公众科学消费,提升青稞在健康膳食中的比重。《国家全谷物行动计划(2024—2035年)》的发布,为青稞产业健康发展提供了更加明确的政策导向和市场前景,促进了青稞产品的创新和消费普及。

从科研支持政策看,一是依托西藏自治区农牧科学院、青海大学等科研机构,重点支持"农业农村部藏区青稞生物学与遗传育种重点实验室"和"省部共建青稞和牦牛种质资源与遗传改良国家重点实验室"建设,聚焦青稞高产、优质、抗逆等性状的联合攻关。青稞已被纳入国家"十四五"现代种业提升工程建设规划中的特色物种保护与利用范畴,加大种质资源收集、保存与评价力度。二是通过国家农作物种业阵型企业遴选和良种繁育基地建设,西藏扎囊县、青海共和县等青稞主产区被列为国家区域性良种繁育基地,持续推广藏青

2000、昆仑15号等高产抗病品种，提升良种覆盖率。三是自2008年启动的国家大麦青稞产业技术体系，在"十四五"期间进一步强化，通过设立青稞种质资源创新、栽培技术、病虫害防控等岗位的科学家团队，系统解决青稞生产中的关键技术问题，从而支撑区域农业科技创新能力的提升。

从生产支持政策看，一是2011年实施青稞良种补贴政策，提高农民种植积极性；2012年，青稞良种补贴在四川、云南、西藏、甘肃、青海等省（区）的藏族地区实现全覆盖。二是青藏高原被纳入国家"三区三州"生态农业重点支持区域，明确以"保护发展区"定位稳定青稞等特色粮油作物种植面积，同步推进耕地质量保护与提升工程，确保藏区口粮自给能力。三是积极推广青稞种植、收获机械化技术，特别是在作为长江、珠江等江河的上游生态屏障地区的西南区域，因地制宜推广轻简栽培及小型机具，稳定当地藏族地区青稞种植面积。四是依托国家大麦青稞产业技术体系，组建青稞全产业链技术指导专家组，围绕良种繁育、绿色种植、产后加工等环节提供技术支撑，推动科技服务与产业需求精准对接，促进产学研用紧密结合。

"十四五"期间，国家着力打造西藏、青海、四川、甘肃、云南等青稞传统优势区，大力推行青稞与豆类、油菜等作物轮作的种植模式，集成应用种子包衣、合理密植、宽幅匀播、节水旱作、病虫草害绿色防控、机械化耕种收等不同生态区优质高产技术模式，强化青稞黑穗病、条纹病及地下害虫、蚜虫、杂草等病虫草害防治。推动产业化开发，以全产业融合发展为引领，以加工龙头企业为纽带，大力发展农产品仓储保鲜、初加工、冷链物流等技术，促进原料产区和特色优势区农产品就地加工转化增值，推进"产+销"有机融合。

"十四五"规划实施进入收官阶段，青稞产业迎来系统性升级，建成了一批青稞全产业链基地、全国绿色食品原料（青稞）标准化生产基地、国家数字农业（青稞）创新应用基地，形成从青藏高原到京津冀、长三角、粤港澳大湾区的冷链物流网络，形成青稞制品国内市场占有率显著提升的局面。

二、各级政府层面对青稞产业的促进政策

近年来，各地方政府结合当地青稞产业实际情况，从种业振兴、耕地保护、绿色生产、加工升级、品牌建设、科技服务等方面制定了支持政策措施，着力补齐产业短板、促进转型升级，推动青稞产业基础高级化和产业链现代化，为建成高原特色优势产业提供支撑。

（一）西藏自治区

西藏自治区作为全国最大的青稞产区，青稞不仅是重要口粮作物，更是藏族文化的核心象征。近年来，西藏围绕青稞稳产保供、产业升级和农牧民增收，出台了一系列针对性政策。2021年，西藏自治区编制并实施《西藏自治区"十四五"青稞产业发展规划》，以"一江两河"粮食生产功能区为核心，落实"藏粮于地、藏粮于技"战略，稳步推进青稞良种繁育基地、高标准农田和青稞产业带建设。规划提出建设百万亩高标准青稞生产基地，强化种质资源精准鉴定与区域化品种选育，完善青稞优质高产栽培、精深加工等技术研发体系。通过统筹青稞初加工、精深加工和综合利用环节，推动"西藏青稞"区域公用品牌创建，培育青稞加工领军企业。同时，加快青稞产业园和产业强镇建设，健全仓储物流设施，为青稞产业高质量发展提供保障。

（二）青海省

青稞是青海省委、省政府确定发展的特色优势产业之一。近年来，在农业产业和要素政策的支持下，全省青稞产业得到快速发展，已成为推进青海省农业农村现代化的重要引擎。2020年青海省印发了《关于加快青稞产业发展的实施意见》，在优化产业布局、强化产业扶持、培育青稞品牌等方面统筹发力，为建设具有高原特色、青海特点的青稞产业生产经营体系，大力提升青稞综合价值，引领保障青稞产业快速健康发展带来了良好机遇。2022年，青海省印发了《青海省农业种质资源保护与利用中长期规划》和《"十四五"现代种业提升工程建设规划》，依托青海省农林科学院和国家农作物种质资源青海复份库，推进青稞种质资源普查、保存及特异性状研究，强化育种中间材料创制与前沿

技术攻关。在印发了《牦牛和青稞产业发展三年行动计划（2018—2020年）》和《关于加快青海省青稞产业发展的实施意见》基础上，青海省编制了《打造青海绿色有机农畜产品输出地专项规划（2022—2025年）》，明确青稞标准化种植、精深加工升级、产业园区和产业集群建设等重点任务，打造青海青稞农产品区域公用品牌，将青海打造成为全国最大的青稞良种繁育基地、绿色有机青稞生产加工基地、青稞功能性食品研发基地，推动青稞产业向绿色化、品牌化方向发展。

"十四五"以来，青海省发展和改革委员会累计安排中央预算内专项资金1.31亿元，支持海南州、海北州、海西州、果洛州建设青稞生产基地及原种繁育基地，实施了15万亩青稞生产基地、6000亩原种繁育基地、300亩种业创新示范基地等14个项目建设。青海省连续多次在全国良种繁育排名中位于前列，成为全国青稞加工转化率最高的省份。

（三）甘肃省甘南藏族自治州

甘肃省甘南藏族自治州编制了《甘南州"十四五"推进农业农村现代化规划》，启动青稞产业化良种繁育体系建设，建设青稞新品种选育基地及原种繁育、提纯复壮等良种生产基地，推广全程机械化耕作、绿色病虫害防控、有机肥替代化肥等技术集成示范。通过招商引资和扶持龙头企业，推动青稞加工向精深化延伸，开发青稞酒、青稞食品及富含β-葡聚糖等功能性成分的产品，提升产业附加值。同时，将青稞产业纳入州级现代农业园区建设范畴，强化科技支撑与产业链协同。

（四）云南省迪庆藏族自治州

云南省迪庆藏族自治州编制了《迪庆州"十四五"农业农村现代化发展规划》和《迪庆州农业现代化三年行动方案（2022—2024年）》，重点推进青稞种质资源保护与利用，启动种质资源圃和区域性良种繁育基地建设，推广良种良法配套、配方施肥、绿色防控等关键技术。实施农产品加工提升工程，支持企业技术改造和装备升级，推动青稞精深加工与初加工协调发展，重点发展青稞功能性食品和高附加值产品，提升青稞加工转化增值能力。

（五）四川省甘孜藏族自治州

四川省甘孜藏族自治州编制了《甘孜藏族自治州"十四五"现代农业产业发展规划》，在理塘、道孚、炉霍、得荣等县建设青稞种质资源圃和良种繁育基地，同步开展耕地质量保护与提升行动，推广测土配方施肥、秸秆还田、绿肥种植等技术。依托甘孜县青稞现代农业园区和得荣藜麦现代农业园区，布局农产品加工园区，引进培育青稞加工龙头企业，支持企业改进加工工艺和技术装备，推动青稞产业向中高端延伸。此外，通过"青稞+"轮作模式，探索青稞与油菜、豆类等作物的高效种植结合。

三、相关协会、社会团体对青稞产业的帮扶与促进

（一）西藏自治区青稞产业协会

为推进西藏自治区青稞产业发展，西藏自治区青稞产业协会于2016年正式成立。在西藏自治区脱贫攻坚指挥部、市场监督管理局（原质监局）、农业农村厅（原农牧厅）等单位的指导下，该协会于2018年牵头构建了西藏青稞产业标准体系。为完善这一体系，协会联合区内青稞产业龙头企业、科研机构及行业专家，系统梳理并修订了覆盖青稞全产业链的标准，包括种植技术规范、加工工艺要求、产品质量检测及流通销售管理等环节。针对青稞米、青稞挂面、青稞米稀等传统产品，以及藏晶青稞米、青稞脆脆、青稞麦绿鲜湿面、青稞麦苗粉等新兴产品，协会制定了相应的团体标准与地方标准。截至目前，协会已发布青稞相关标准35项，为西藏青稞产业规范化、规模化发展提供了重要技术支撑。2024年，西藏农业农村厅进一步推动"青稞全产业链标准化示范县"建设，计划在日喀则、山南等地区新增3个标准化示范基地，强化标准落地应用。

（二）西藏农牧产业协会

西藏自治区自2019年起启动"西藏青稞"区域公用品牌建设工作，由西藏农牧业产业化龙头企业协会（现西藏农牧产业协会）主导，联合相关部门制定了《"西藏青稞"区域公用品牌使用管理办法》，明确品牌准入、质量监管及权益保护等要求。通过强化品牌管理机制，推动青稞加工企业生产规范化，提升

品牌市场认知度。2021年，西藏与国内专业农业品牌咨询机构合作，完成品牌战略策划及视觉形象设计，同年"西藏青稞"正式获批成为西藏首个省级农业区域公用品牌。2022年，该品牌入选农业农村部"农业品牌精品培育计划"，标志着其品牌价值与影响力得到国家级认可。下一步，协会将协同西藏农业农村厅，通过品牌宣传推广、质量追溯体系建设及产业链协同创新，进一步扩大"西藏青稞"的市场覆盖面，助力区内农牧企业提升产品附加值。

（三）青海省青稞产业联盟

青海省青稞产业联盟成立于2019年，由青海省农业农村厅牵头，联合省内150余家青稞种植合作社、国有农场、加工企业及科研单位共同组建。联盟依托中国农业科学院、全国农业技术推广服务中心、青海大学等机构的技术力量，聚焦产学研用一体化发展，推动青稞全产业链标准化建设。通过制定青稞良种繁育、绿色种植、加工技术及质量检测等环节的统一标准，联盟逐步构建起覆盖企业标准、地方标准、行业标准的多层次标准体系，为青稞产业提质增效奠定基础。近年来，联盟重点突破青稞加工技术瓶颈，研发出高附加值产品如青稞代餐粉、青稞营养强化米等，并通过智能化仓储、冷链物流等设施建设提升产业整体水平。青海省农业农村厅数据显示，联盟成立后，青稞良种覆盖率提升至85%以上，标准化生产基地面积扩大至120万亩，带动全省青稞综合产值年均增长10%以上，有效发挥了科技对青藏高原特色农业的支撑作用。

（四）甘南藏族自治州青稞产业发展协会

在甘南藏族自治州（以下简称为：甘南州）农业农村局的精心指导和大力支持下，甘南州农业科学研究所和甘南州陇盛生态农业有限公司联合发起成立甘南藏族自治州青稞产业发展协会，目的就是在青稞新品种选育、标准化种植、产品研发、品牌打造、产品销售和文化挖掘等全产业链共同发力，助推甘南州青稞产业高质量发展。该协会的成立是甘南州做大做强青稞产业，延伸产业链条，提高产品附加值，壮大特色产业，实现产业兴旺、生活富裕的有效路径，对实现全州粮食安全、农业增效、农民增收和社会稳定，推动乡村振兴具有十分重要的战略意义。

第二节 技术环境

青稞作为青藏高原的特色作物和农牧民口粮安全的战略资源,其技术环境正经历一场从传统生产模式向现代化、科技化转型的深刻变革。在国家粮食安全战略和乡村振兴政策的双重驱动下,青稞产业正迎来前所未有的发展机遇。依托高原生态农业科技专项、种业振兴行动等政策支持,青稞产业正逐步构建起一个覆盖育种、生产、加工、管理、销售的全产业链技术体系,力求实现青稞产业的提质增效和可持续发展。

一、青稞品种选育技术

青稞新品种选育,高产是永恒主题,品质改良是重点,病虫害抗性是选择,逆境是方向,养分高效利用是目标,适宜机械化作业是时代特征。高产、稳产、优质、适应机械化是现代农业对各种作物品种的共同要求,是国内外作物育种的主要目标,同时也是作物优良品种必备的基本条件。只有实现农艺农机融合配套,才能做到机械播种、机械施肥、机械收获。

国内青稞育种还停留在以常规杂交育种为主,小孢子育种为辅,分子标记辅助育种、全基因选择、分子设计育种等前沿技术应用相对不足的基因功能验证阶段。小孢子育种技术相对成熟,尤其是上海农科院小孢子技术为全国青稞育种单位提供技术支持和服务,培育出一批优质高产青稞品种(系)。但全基因组选择、基因编辑、分子设计等育种前沿技术还处于探索与研发阶段,尚未应用到品种的定向高效遗传育种及种质改良当中。

自2021年《种业振兴行动方案》实施以来,国家聚焦种质资源保护、育种创新攻关、优势企业培育和基地建设四大方向。截至2025年,我国农作物自主选育品种占比超95%,种源自主可控能力显著提升。从2021年至2025年,中央一号文件持续对生物育种工作进行了部署,从加快实施农业生物育种重大科技项目、加快主粮作物生物育种产业化步伐到扩面提速等方面施策，政策重点涵盖基础研究以及产业化应用。一系列政策安排体现了中央在生物农业领域的政策连续性，更凸显了我国对生物育种产业化的重视。未来，在育种技术方面，分子育种、基因编辑及遗传标记辅助选择（MAS）等先进技术将被逐步引入青稞育种领域。这些先进技术有助于培育抗逆性强、适应性广、品质优良的品种，提升青稞的产量和品质。同时，利用高通量测序技术对青稞基因组进行研究，推动了青稞遗传资源的挖掘和新品种的快速选育，为产业提供了坚实的遗传基础。

二、青稞绿色高产高效栽培新技术

针对我国青稞种植区资源环境承载能力趋紧，近年来青稞种植区农业资源利用强度过高和农业废弃物综合利用不充分并存的现状，政府倡导青稞种植区推广绿色清洁栽培，通过全程绿色清洁栽培管理，改善农田生境，促进青稞产区生产环境与人居环境绿色协调和可持续发展。青稞绿色栽培是以我国青稞产区农业绿色可持续发展为核心，协同集约农作、高效增收、生态健康、气候变化、农业循环经济等农业生态学前沿理论与技术的快速发展。同时采取生态调控、物理调控、生物防控与精准高效施药相结合的措施，有效减少化学农药用量，减控污染，提升青稞生产的"三品一标"水平，促进青稞生产向绿色高效方向转型，为发展绿色高效农业奠定重要基础。主要的措施为轮作倒茬、化肥农药减量增效、病虫害绿色防控等。

在栽培与管理技术方面，现代农业技术逐步普及应用，包括精准农业、智能灌溉、土壤监测和病虫害预测等手段。这些技术帮助农户实现科学施肥、合理灌溉和病虫害的早期防控，不仅提升了青稞的产量和品质，还有效减少了农药和化肥的用量，促进了绿色生态农业的发展。同时，机械化、无人机和物联网技术的结合，使青稞的播种、管理和收割更加智能高效，显著提高了生产效率。

三、青稞农艺农机融合新技术

目前我国国民经济正处在高速发展时期，要提高农业生产率，农业机械化势在必行。我国青稞产区山地多、平地少，要实现青稞生产的机械化，一是设计或改进现有稻谷、小麦生产的机械以适应现有青稞生产的机械化；二是要选育适应机械化作业的新品种。从我国广大农村来看，随着产业结构的调整，经营规模的不断扩大，种田专业大户将不断出现，实现青稞种植机械化也势在必行。

我国青稞主要种植在农业生产水平相对落后、自然资源相对恶劣的高海拔冷凉区、沟地、山地、旱地，农户思想相对比较保守，不易接受新事物。纵观青稞种植区域，青稞全程机械化生产普及率较低，尤其是农牧交错地区，基本生产环节的机械化严重滞后，已成为我国青稞生产全程机械化的"卡脖子"环节。近年来，随着政府部门的支持和农技人员的不断攻关与创新，青稞机械化已涵盖良种精选、整地、播种、病虫害防治、收获等环节，正开始走进千家万户，并逐渐走向成熟。青稞种植区域，已基本形成了山地以小型微耕机、小型人工播种机、小型割晒机和脱粒机为主，在河谷、平原地带以中型机械为主的模式。青稞生产、田间管理、收获等方面的研究也取得了较大进展。

从育种学方面看，选育适宜机械化收获的青稞新品种是我国现代青稞产业发展的必由之路。我国现有推广青稞品种大多数为多棱品种，灌浆后穗头较重，加之大多数青稞茎秆弹性较差，容易发生倒伏，且成熟后容易落穗、落粒，不利于机械化收获。近年来，我国选育出抗倒伏能力较高的多棱青稞品种，如藏青2000、昆仑14号等。因二棱品种较多棱品种穗头小而且灌浆后穗头较轻，茎秆弹性较好，抗倒伏能力较多棱品种强，且成熟后不易落穗，所以二棱品种较多棱品种更适宜机械化收获。如二棱青稞品种陇青1号的选育及推广，解决了甘肃省山丹军马场多年青稞生产中轻简化、机械化收获的难题。

要实现青稞生产的机械化，还需要设计和改进稻谷、小麦等生产的机械，以适应现有青稞生产的需求。四川省农业机械化研究设计院完成颁布了地方标准《青稞全程机械化生产技术规程》。青稞生产机械化减少了大量繁重的体力劳动，利用化学除草、病虫害绿色防控等技术措施，采用自走式喷杆喷雾机、植保无人机喷洒，从而减轻青稞田间管理的劳动强度，解放部分劳动力，实现田间管理轻简化，利用播种机、割晒打捆机、收割机或大型联合收割机提高青稞生产效率，降低劳动强度。青稞机械化栽培集成与示范技术是一种节本增效的新技术，能够提高青稞的生产效率，达到省工、省力、简便、高效的目标。

四、青稞精深加工与智能制造技术

在青稞加工领域，现代化的生产设备和工艺技术不断升级，延伸了青稞的产业链。从传统的面粉、酿酒到功能性食品和健康饮品的开发，科技创新推动青稞深加工的多样化。超微粉碎、复合酶解、微波辅助膨化、双螺杆挤压膨化、高压均质等先进的加工技术不仅提高了产品质量，也满足了不同市场和消费者的多样化需求，为青稞产业带来了更广阔的市场空间。

超微粉碎处理技术作为近年来最主要的一种产品加工和利用技术之一，其产品加工的速度快且可以使物料的颗粒粒径变小并分布均匀，可以促进对物料中各种营养、功能成分的释放和吸收，同时具备可以改善物料的化学性质等优势。而气流式超微粉碎作为超微粉碎技术的一种，其工艺简单且产出率较高，因此在实际工业生产中广受欢迎。该技术现已广泛被用于改善苦荞麸皮、小麦麸皮等富含纤维等原料的加工。有学者在研究中发现，超细碎麦麸的粒径减小，小麦纤维越小，对面条中面筋网络的破坏越小，因此有利于提高面条的食用品质。

酶解法处理技术是在一定程度的反应条件下，利用酶的催化作用将物料中的成分进行转化的技术。其特点是利用酶来降低反应所需的活化能，从而加速物质反应的速度。酶的特点是它只能与特定的底物进行特异性的结合产生特定的底物，需要温和的反应条件。酶解具有高效、温和、安全等优点，为食品加工提供了更安全、更健康的方式。目前，酶解技术已广泛应用于乳制品加工、肉类加工、烘焙等食品领域。木聚糖酶和纤维素酶是食品加工中影响膳食纤维的主要酶，酶解可以有效改善麦麸中膳食纤维的理化性质，改善麸皮的口感和质地，解决麸皮溶解性差、消化不良的问题。

在膨化技术方面，双螺杆挤压作为一种新的加工工艺，不仅可以提高可溶性膳食纤维的吸收率，而且可以提高加工材料中的相关营养素。挤压处理可在一定程度上增加米糠中直链淀粉的含量，使米糠内部结构更多孔，质地均匀，有利于人体消化吸收和综合利用。膨化使小麦的深层结构改变但营养成分含量稳定，故膨化处理小麦可广泛用于全麦早餐粉、膨化零食等即食食品的制备。气流膨化技术是指在低温、真空条件下，使得物料内部的水分发生改变，物料组织发生膨胀，导致物料结构疏松，脱水干燥的一种加工方法。有学者研究发现，气流膨化可使干燥米糕条进行膨化，制作成混合膨化食品，更易消化。

在许多加工技术中，具有安全、高效、连续生产等优点的高压均质技术的应用，在淀粉加工领域引起了越来越多的关注。高压均质机主要由高压均质室和涡轮增压器组成，在高压均质过程中，物料会受到机械力的影响，例如剪切效应、高速冲击、气穴效应以及热效应，致使物料发生物理、化学、结构性质等一系列变化，最终达到均质的效果。目前广泛使用的高压均质机均具有一级均质阀和二级均质阀（低压阀）。高压均质机的优点：①纯物理过程，有利于保护生态环境。②细化作用更为强烈。③高压均质过程中物料的发热量小，因此能保持物料的性能基本不变。④高压均质机能够定量输送物料，因为其依靠往复泵送料。作为一种物理改性技术，高压均质处理可以通过均质空腔中的剪切和撞击等机械力对淀粉分子进行作用，诱导淀粉分子链的降解与聚集，形成具有抗酶解的特定结构域。由此赋予了抵御α-淀粉酶酶解的能力，延缓或减少淀粉的消化，从而降低淀粉对餐后血糖水平的影响，可作为控糖健康食品的制备技术。

以上几种加工技术均广泛应用于谷物的加工处理，其充分利用谷物原辅料的特性，并在谷物淀粉的精深加工方面具有非常重要的影响。经这几种加工技术改性过的谷物及麸皮，能生产出健康且适合不同人群的休闲食品及特殊人群食品，为我国食品工业生产提供了重要的技术指导。此外，智能化技术、信息技术和数字化管理正深度渗透到生产全流程，在青稞加工行业中的应用日益广泛。通过智能装备、工业物联网（IIoT）与人工智能（AI）的融合应用，企业构建起从原料处理到产品包装的数字化生产线，推动传统加工模式向"感知—分析—决策—执行"的智能范式升级。通过物联网、大数据分析和云平台建设，产业链上下游实现了信息互通与智能调度，极大地提升了管理效率和市场响应速度。这也促进了青稞产业的数字化转型，为实现产业链的优化升级提供了技术保障。

第三节　市场需求

一、青稞种子市场需求分析

我国青稞主要种植在高寒、贫瘠、盐碱、干旱等气候、地质问题严峻地区和农牧交替地区，同时青稞用途极其广泛，需要多种多样的青稞品种类型，再加上原先基础薄弱，导致品种选育创新难度较大。国家大麦青稞产业技术体系建立以来，以推动我国青稞产业发展和提升农民效益为宗旨，紧密围绕我国青稞生产实际和国际发展趋势，针对不同生态条件、耕作制度和用途需求，开展青稞重要育种目标性状遗传规律解析、分子基因挖掘和育种技术创新等前瞻性研究，进行优质、高产、抗病、抗逆的啤用、饲用、食用和加工用等专用青稞新品种选育，取得了一系列重大育种技术和品种创新成果，为青稞产业的发展提供了源头保障。

我国青稞遗传资源十分丰富，国家库保存有青稞遗传资源上万份，但对资源的挖掘利用和创新明显不够。国家大麦青稞产业技术体系针对我国青稞育种的需要，重点对肥水高效利用的资源、抗环境和土壤灾害的资源、抗病虫害的资源、高营养成分和优质的资源进行了逐级鉴定、利用与创新。

针对青藏高原不同生态区的青稞生产需求，以粮草双高为育种目标，采取多种杂交组合方式，结合青稞常规育种，创新性进行了青稞小孢子培养单倍体育种，生物量大、抗倒性强、耐寒性好、抗病性广、籽粒和干草产量双高的青稞优良品种日益增多。国家大麦青稞产业技术体系成立10多年来，已经选出18个青稞新品种并通过省级以上审定和登记，藏青2000、康青8号、昆仑15号、北青9号等青稞新品种，已在西藏、青海、四川等高原地区大面积推广种植，累计推广种植870万亩，满足了藏族人民和食品加工业对优质青稞的需求。

青稞是青藏高原地区重要的粮食作物，也是重要的饲料、加工和酿造原料作物。2016—2018年，青稞产值从140.2亿元增加到161.6亿元，产值规模不断扩大。青稞主要在青藏高原地区种植并主要由藏族群众消费，其供需也大多发生在该地区，对外贸易极少，供需关系完全取决于地区内青稞产量，流通主要在青藏高原各青稞产区之间进行，以调剂各产区供求余缺，具有强烈的区域性特征。作为藏族群众口粮，青稞最主要用途是食用，包括制成糌粑和加工成食品、青稞酒等。近年来，青稞食用消费约占总消费的80%，其中直接食用约占70%、间接食用约占10%；作为种用和储备粮的青稞占比约为15%，而作为畜牧业饲料的消费约占5%。

青藏高原青稞种植面积中约95%为种植春青稞，冬青稞的种植面积不足5%；青藏高原青稞种植总面积为27.4万公顷，主要种植于高原东部及南部地区。各农业区中，青稞种植面积从大到小依次为青甘农牧区、藏南农牧区、川藏农林牧区、青藏高寒牧区和陇中青东丘陵农业区，分别占比31.09%、28.91%、23.23%、11.86%和4.91%。西藏自治区的青稞种植面积占青藏高原青稞种植面积的47.46%，全区青稞种植面积13万公顷；青海省的青稞种植面积占33.41%，全省青稞种植面积9.15万公顷；四川省的青稞种植面积占12.53%，全省青稞种植面积3.43万公顷；甘肃省和云南省的青稞种植面积的占比仅为6.61%，青稞种植面积均不足1万公顷。一般情况下，青稞种植每亩需要20~40斤（1斤=500克，全文特此说明）种子，则西藏自治区每年需要青稞种子1.95万~3.9万吨，青海省每年需要青稞种子1.37万~2.75万吨，四川地区每年需要青稞种子0.51万~1.03万吨，甘肃省和云南省每年需要青稞种子0.2万吨左右。由于青藏高原复杂多样的地理环境和气候条件，不同地区青稞种植基本上使用的是各自育种单位育成的推广品种，生产用种主要来自区内良种繁育基地或者是农户自留种，青稞用种基本上实现自给自足，极少有跨区域的商品化种子销售。

二、青稞加工产品市场需求分析

青稞主要分布在海拔2600米以上的高寒地区，其营养价值丰富、养生保健作用突出，富含蛋白质、氨基酸、淀粉、纤维、脂肪酸、维生素、灰分、矿物质以及β-葡聚糖、生育酚、γ-氨基丁酸、多酚类化合物等营养和功效成分，是β-葡聚糖含量最高的麦类作物。现代研究证实，青稞具有调节血糖血脂、改善肠道健康、增强免疫力、抗疲劳、改善认知、抗衰老、预防癌症等功效，符合当代消费者对天然健康食品的需求。青稞不仅是藏族同胞的传统口粮，还因其独特的功能性成分，成为食品加工、酒类酿造、饲料加工的重要原料，并逐渐发展为营养保健领域的新兴产业。

长期以来，青稞在我国是区域性很强的自给消费型特色粮食作物，青藏高原地区藏族群众是其传统消费主体。近年来，随着青藏高原旅游业的快速发展、消费者对功能性食品的关注度提升以及青稞加工技术的进步，青稞加工行业呈现多元化发展趋势。青稞米、青稞挂面、青稞饼干、青稞代餐粉等传统加工产品持续优化，青稞植物饮料、青稞啤酒、青稞低糖米、青稞高纤维产品、青稞营养强化食品以及富含β-葡聚糖、γ-氨基丁酸、多酚、黄酮等功能成分的高端保健产品等创新产品不断涌现，推动青稞消费群体的范围从区域向全国扩展。目前，青稞加工产品已进入北京、上海、成都等中东部城市的主要商超和电商平台，如盒马鲜生、叮咚买菜、京东健康等，部分产品通过"高原有机""低GI（升糖指数）"等标签吸引健康饮食人群，市场接受度稳步提升。

在2019年西藏自治区青稞产业协会与上海市政府牵头成立上海日喀则农产品产销联盟后，西藏青稞产品在上海市场的年销售额从2019年的不足500万元增长至2024年的2500万元，覆盖了青稞米、青稞面、青稞白酒等品类。2022

年，习近平总书记提出"树立大食物观"，强调保障多元化食物供给的重要性，这一政策方向进一步推动了青稞产业的市场拓展。2024年青稞被列入国家全谷物行动计划，国家卫健委也已将青稞列入2023年版《成人高脂血症食养指南》《成人糖尿病食养指南》和《成人高血压食养指南》。当前，消费者对青稞的认知已从"藏区特有作物"转向"功能性健康食品"，尤其在低糖饮食、肠道健康、运动营养等细分领域需求显著增长。例如，2024年《中国功能性食品消费趋势报告》显示，青稞相关产品的线上搜索量同比增长40%，健康食品企业对青稞原料的采购量增加25%。预计2025年，青稞粉需求量将为63万吨，青稞酒需求量将增加到8万吨，青稞休闲食品需求量将增加到12万吨，青稞米需求量将增加到12万吨。

青稞作为青藏高原特有的生态作物，兼具稀缺性和功能性，符合消费者对"原产地天然品质""健康价值""文化体验"的多重需求。未来，随着健康消费升级和政策支持，青稞在食品、饮品、保健品等领域的应用潜力将进一步释放，有望成为高原特色农业与全国健康食品市场衔接的重要纽带。未来，应充分发挥青稞原料绿色安全、功能特色显著和资源短缺稀少等特点，推进青稞精深加工，实现对青稞加工副产物的"吃干榨尽"。通过从青稞（青稞嫩苗）、青稞酒糟中提取麦绿素、β-葡聚糖等功能因子，加工成功能性食品、保健品配料，生产保健软胶囊等功能产品，充分挖掘青稞价值，提高青稞产品的附加值。

第四节　青稞产业发展环境总体分析

目前，我国青稞产业具有很好的发展环境，主要体现在生产布局优化、种业创新加强、加工能力提升、组织环境改善四个方面。

从生产布局看，西藏自治区青稞主要种植区分布于日喀则、昌都、拉萨、山南等地区，其中日喀则和昌都青稞种植面积占西藏自治区的2/3以上，拉萨和山南青稞种植面积占西藏自治区的1/4左右，空间布局不断优化。青海省青稞种植区主要位于海南、海北、海西和玉树四州，种植面积占全省90%以上，且进一步向海南、海北两州集聚，形成了以海南州、海西州、海北州粮食青稞为主，玉树州黑青稞为辅的种植格局。甘肃省青稞种植区主要位于甘南藏族自治州。云南省青稞种植区主要位于迪庆藏族自治州。四川省青稞种植区主要位于甘孜藏族自治州和阿坝藏族羌族自治州。

从种业创新看，西藏自治区青稞良种繁育体系初步建立，形成了云南元谋青稞南繁加代、国家扎囊青稞原良种繁育、自治区级良种生产繁育基地等三级青稞良繁体系，成立了"省部共建青稞和牦牛种质资源与遗传改良国家重点实验室"，先后选育推广春青稞、冬青稞新品种22个。青海省依托国家麦类改良中心青海青稞分中心、省青稞遗传育种重点实验室等科研平台，选育出昆仑、北青、柴青等系列品种，是藏区适应性与稳产性最好的青稞品种；共和县入选国家区域性青稞良种繁育基地和全国青稞制种大县，青海省被认定为全国北繁制种基地。甘肃省甘南藏族自治州围绕青稞增产关键技术问题，选育了甘青、黄青、康青等系列14个品种。云南省迪庆藏族自治州选育和推广了云青、迪青等系列品种，使青稞产量大幅增加。四川省甘孜藏族自治州培育出了康青系列等优良品种，建有国家青稞原种基地、国家青稞良种繁育基地、四川省青稞育种基地。

从加工能力看，据不完全统计，西藏自治区目前共有青稞加工企业52家，年加工青稞原粮13万吨以上，加工转化率达17%以上，创建了一批自治区级品牌，研发了青稞精深加工产品4大类80多个品种，建成了以日喀则为核心的国家级青稞优势产业集群和白朗县国家现代农业产业园（青稞）。青海省目前共有青稞加工企业58家，年加工青稞原粮10万吨以上，加工转化率约为50%，形成了以海东（西宁）为核心的青稞白酒生产带和海南州为核心的青稞米面、速食食品生产带的产业格局，创建了以门源县为核心的青稞国家现代农业产业园。甘肃省甘南藏族自治州目前有规模化青稞加工企业10余家，生产的青稞麦索、青稞保健米、青稞炒面、青稞饼干等系列加工产品形成一定规模。云南省迪庆藏族自治州和四川省甘孜藏族自治州的青稞加工产品主要是青稞米、青稞面粉、青稞面条、青稞茶、青稞饼干、青稞鲜花饼、青稞酒等。

从组织环境看,从全面层面,建立了国家大麦青稞产业技术体系,将全国科研单位、高等院校、国营农场等主体的青稞科研力量有机地整合在一起,深入开展青稞产业关键技术问题的协同攻关;在地方层面,成立了西藏自治区青稞产业协会、青海省青稞产业联盟等行业协会和组织,有力地推动了行业标准制定、区域公用品牌创建和产学研合作,让农户、国营农场、加工企业等主体形成有组织的利益共同体。

第三章

青稞产业发展重点区域

青稞作为青藏高原特有的粮食作物和藏区传统主食原料，是我国高海拔地区最具特色的农业资源之一。作为世界上海拔最高地区的主要粮食作物，青稞具有耐寒、耐旱、耐贫瘠等突出特性，在保障藏区粮食安全、维护边疆稳定、促进农牧民增收等方面发挥着不可替代的作用。近年来，随着健康饮食理念的普及和特色农产品开发的深入，青稞产业已从传统的口粮生产向多元化、高值化方向快速发展，逐步形成了集种植、加工、研发、销售于一体的全产业链体系。

从产业规模来看，我国青稞年产量已突破130万吨，其中西藏自治区贡献了近70%的产量，与青海、四川、云南、甘肃等省区共同构成了传统青稞主产区。近年来，依托得天独厚的自然条件与政策红利，正逐步从传统种植向全产业链延伸，成为我国农业现代化与区域协调发展的重要实践区。在消费升级和健康理念转变的背景下，青稞产品结构持续优化，从传统的糌粑、青稞酒等初级加工产品，逐步扩展到青稞膳食纤维、青稞麦片、青稞饼干、青稞饮料等多元化健康食品，产品附加值显著提升。同时，随着"西藏青稞"区域公共品牌建设的推进，青稞产业正在实现从传统农业向现代农业、特色农业的转型升级，展现出广阔的发展前景。

然而，青稞产业的可持续发展仍面临多重挑战。高海拔地区的气候脆弱性、产业链条短、市场化程度低、科技支撑不足等问题，制约着其潜力的充分释放。在此背景下，明确青稞产业发展的重点区域，统筹资源禀赋、产业基础与政策导向，成为推动产业转型升级、实现生态保护与经济效益双赢的关键路径。本章将聚焦青稞产业的核心产区，剖析其战略地位、发展优势与瓶颈，为构建科学合理的产业布局、深化区域协同发展提供理论支撑与实践参考。

第一节　西藏自治区青稞产业发展现状

西藏自治区作为我国最大的青稞产区，2024年青稞播种面积达230.1万亩，青稞总产量达到88.8万吨；单产达到385.92千克/亩，同比增加7.4千克/亩。喜玛拉22号、藏青2000等优良品种推广面积超过200万亩。在"稳粮、兴牧、强特色"战略指引下，全区已形成以日喀则为核心、拉萨河谷为枢纽、山南和昌都协同发展的产业格局，成为"世界青稞之乡"的战略支点。西藏自治区青稞产量稳步增长，连续丰收，产品种类不断丰富，产业结构逐步优化，口粮安全保障得到了进一步加强。然而，产业仍面临科技创新不足、生产效率较低、加工产品与品牌影响力薄弱、市场销售不畅等多重挑战。为加速建设高水平的青稞产业体系，推动其高质量发展，迫切需要解决产业发展中的短板问题，推动产业转型升级，提升产业基础，并实现产业链的现代化。通过建设集约化、功能完善的青稞生产基地与产业带，力求将青稞产业打造为西藏自治区的高原特色优势产业。这不仅有助于提升高品质农产品的市场供应，更能有效满足人民日益增长的生活需要，成为巩固脱贫攻坚成果、全面推进乡村振兴的坚实基础，也将为国家粮食安全战略和边疆治理提供有力保障。

西藏自治区积极推进农业产业的全面优化，通过提升第一产业、壮大第二产业和增强第三产业的综合实力，着力发展青稞等特色产业，推动产业深度融合，进一步加速高原特色农牧产业的质量提升与合理增长，全面支持乡村振兴。自治区坚持稳步前进的工作主基调，强调增长的稳定性，并持续推动经济发展呈现"恢复向好，增势不减，后劲更强"的趋势。通过加强品牌建设、推动产业链延伸、加大科技投入和拓展市场渠道，青稞产业有望实现高质量发展，为西藏自治区的农业经济作出更大贡献。

一、生产种植现状

2024年，西藏自治区继续巩固全国青稞产业核心地位，全区青稞播种面积达到230.1万亩，总产量突破88.8万吨，约占全国总量的70%。这一优异成绩既得益于多年高标准农田建设和优良品种推广，也离不开"藏粮于技"战略的深入实施，从种子选育到耕作管理、从统防统治到加工流通，青稞全产业链呈现稳中向好的发展态势。

作为主产区的日喀则市和昌都市合计贡献了全区66%的播种面积，其中日喀则市青稞产量为42.49万吨，同比增长4.1%；昌都市的青稞产量则稳定在57万亩以上，产量为16.7万吨。拉萨市与山南市分别完成30.34万亩、27.67万亩的种植规模，产量分别为11.6万吨和11.58万吨。江孜县凭借11.66万亩的种植面积和6.2万吨的产量，成为全区产业示范标杆，并作为西藏首批"盒马村"落地，通过订单农业和电商直采带动农户增收，订单农业占比达35%。

在田间管理方面，全区累计建成高标准农田73.6万亩，2024年新增6.2万亩；粮食作物综合机械化率提升至73.4%，其中拉萨市达83%，日喀则市达74%。喜玛拉22号、藏青2000等高产品种推广面积突破200万亩，良种覆盖率超过94%。良种繁育体系已形成云南元谋南繁加代、扎囊国家级原种基地和自治区级繁育基地三级布局，总面积扩展至5800亩，春冬双季新品种增至24个，扎囊基地年产优质种源超8000吨。数字化管理方面，江孜县紫金乡引入耕地气象与土壤墒情实时监测系统，建设5万亩绿色原料基地；昌都市洛隆县依托"藏东粮仓"优势，推广藏青2000、藏青3000高产品种1.2万亩，并通过全程溯源系统实现质量可追溯。

深加工和产业链延伸不断突破，从传统的青稞糌粑、青稞酒，到现代化生产线制成的饼干、面包、罐装酒，从缺乏外销渠道，到销往上海等大都市。西藏日喀则市江孜县是西藏青稞主产区之一和良种基地，平均海拔约4000米，气候条件适宜青稞生长。2024年青稞种植面积11.66万亩，产量达6.2万吨。近年来，以江孜县为代表的青稞主产县开辟青稞精深加工和特色产业发展新赛道，2024年江孜县青稞产值1.48亿元，较上年增长66%。西藏是黑青稞的主产区，尤其以山南市隆子县为核心种植区。凭借海拔3800~4200米的高原温带干旱气候、充足日照和昼夜温差大的自然条件，隆子县成为黑青稞生长的理想区域。2023年，该县被世界纪录认证机构（WRCA）确认为"世界最大黑青稞种植基地"。自2014年起，隆子县将黑青稞列为特色支柱产业，通过政策扶持和科技推广，种植面积从1.3万亩扩展至现在的3.05万亩，单产从245千克/亩提高到280千克/亩，年均产量达1万余吨。隆子县还通过推动高标准农田建设，提升种子纯度和抗逆性，确保原料供应稳定等措施，不断提高单产、不断提升品质，为农产品精深加工奠定了坚实的基础。隆子黑青稞糌粑被成功纳入国家地理标志运用促进项目，推动地方特色与品牌价值深度融合；全区还建设了200个高产示范田（含12个万亩级和58个千亩级），标准化种植区预计增产4.8%，示范效应显著。

尽管产能持续提升，西藏青稞产业仍面临集约化程度不高、小农分散模式占主导、深加工增值率偏低以及冷链与加工设施布局不均等挑战。在西藏青稞良种领域，商品化与市场化机制尚未完全成熟，优质种源主要依赖政府集中繁育与包供政策，市场化体系相对滞后，种子流通渠道单一。由于财政补贴是农户获取良种的主要途径，一旦补贴减少或取消，许多种植者便倾向于继续使用家中留存的传统品系，按往年经验或个人偏好自行取种播种，结果田间多系混杂、品种退化，优良基因难以有效传承。与此同时，本地种业企业参与程度不高，商业化推广网络覆盖面窄，新品系与先进栽培技术的示范点和服务站点不足，新技术在农户中普及缓慢，难以形成规模效应。

高原特殊的自然条件对种业市场提出了更高要求，但当前的政策主导模式未能充分激发市场活力，资源配置效率受到制约。良种升级换代的速度与农户对新种试用的信心尚未同步增长，新型生产模式如数字化育种、精准农业在一线生产中的应用依旧有限。总的来看，西藏青稞种业在依赖政府推动与市场需求之间尚未形成有效联动，制约了优质种源的快速替代和高效利用。

二、加工利用现状

作为西藏现代农业的支柱型产业,青稞加工业在"稳产保供、牧业振兴、特色赋能"战略指引下,构建起"基地建设—科技转化—品牌运营"全链条发展模式。2024年全区青稞加工总量达到16万吨,农副食品加工与食品制造两大板块分别实现43.1%和28.7%的产值增幅,实现产值11.57亿元。目前形成以37家自治区级以上重点加工企业为核心,辐射60余个特色品牌的产业集群,开发出烘焙预拌粉、即食代餐等五大类90余个创新单品,原料加工利用率提升至18.5%。

在品质认证领域,地方政府联合龙头企业构建"地理标志+"保护体系,已完成扎囊黑青稞、江孜青稞胚芽等7项特色产品认证。通过"三品一标"专项行动,培育出12家地理标志授权单位,建立涵盖原料溯源、工艺标准、包装设计的认证规范体系。数据显示,获标产品市场溢价达30%~45%,带动关联产业增收超3.8亿元(见表3-1、表3-2)。

表3-1　西藏自治区青稞特色产品认证企业名录

序号	企业名称	使用产品	认证时间	所属地区	年产值（万元）	备注
1	西藏江孜县红河谷现代农业科技示范园	江孜青稞胚芽米	2021年	日喀则市	4200	首个胚芽米深加工项目
2	西藏隆子县黑青稞产业有限公司	隆子黑青稞糌粑	2020年	山南市	3800	国家地理标志运用促进项目
3	西藏藏缘青稞酒业有限公司	拉萨青稞酒	2019年	拉萨市	12000	西藏老字号,出口东南亚
4	扎囊县高原有机农产品合作社	扎囊黑青稞	2022年	山南市	1500	有机认证全覆盖
5	日喀则市珠峰农业科技开发有限公司	日喀则青稞精粉	2020年	日喀则市	6700	自治区级龙头企业
6	昌都藏东青稞食品有限公司	昌都青稞挂面	2021年	昌都市	2300	冷链直供北上广深
7	西藏圣香海螺藏药开发有限公司	林芝松茸(含青稞复配产品)	2023年	林芝市	5600	药食同源产品研发

表3-2 西藏自治区获批地理标志保护产品目录

序号	名称	管理单位 （通常是县级人民政府或相关部门）	发布公告 （示例）
1	隆子黑青稞	隆子县人民政府	2014年第136号
2	古荣糌粑	拉萨市堆龙德庆区人民政府	2014年第136号
3	隆子黑青稞糌粑	隆子县人民政府	2015年第24号
4	洛隆糌粑	洛隆县人民政府	2016年第128号

注：表3-1、表3-2中数据来源于西藏自治区知识产权局。

三、存在问题与挑战

西藏地区的青稞种植与产业体系起步相对滞后，目前青稞消费主要涵盖三种形式：一是作为农牧民日常膳食的核心主食；二是将籽粒及秸秆用作牲畜养殖过程中的饲草资源；三是作为青稞酒及相关加工品的基础原料。整体来看，青稞产业消费结构偏向传统，产业链条在延伸过程中面临诸多限制，如深加工领域专业人才不足、企业本地化程度不高以及技术研发能力较为薄弱等问题。在消费市场逐步升温的背景下，青稞产品同质化倾向明显，产品类型较为单一，低端产品占比高，进而影响了整个产业的提质增效与稳步发展。

（一）产业发展基础弱

当前青稞产业尚处于由传统模式向现代化产业体系过渡的阶段，整体基础较为薄弱。受制于高原独特的地理生态环境，耕地质量有限，再加之科技支撑体系尚未健全，农业机械化覆盖率偏低，优质专用品种与企业之间的契合度不高。与此同时，精深加工环节发展滞后，从研发到生产环节缺乏系统性人才支撑，市场上高质量青稞制品数量不多，导致产业链条完善缓慢，发展节奏相对滞后。

（二）代加工产业为主，自生产体系不完善

目前，西藏青稞加工以代工为主，本地加工体系尚未完全建立。市场需求推动了青稞"出藏加工—回藏销售—再扩张"的流通模式的发展，但这种依赖外部力量的路径，削弱了西藏青稞的地域品牌形象，也难以形成稳定的产品附

加值。青稞产品在代加工过程中常因定位模糊、包装和品质无法突出本地特色而失去部分市场竞争力，产品价值未能有效释放。本地企业在品牌打造、技术集成等方面仍显被动，缺乏系统性组织架构和长期战略意识，导致产业核心支撑力不够强。青稞产品目前多集中在初级加工阶段，精深加工尚属起步阶段，加工链条短、利润空间有限。尽管市场潜力广阔，但产业化水平整体仍较初级，缺乏内生增长动能，难以在当前激烈的市场竞争中脱颖而出。

产业链条的薄弱还体现在加工企业科技投入不足、研发体系不完善等方面，部分生产主体创新意识不强，新工艺、新产品开发能力不高，使得产品品类拓展缓慢，消费者选择面较窄。从整体看，青稞产业尚未形成一套完善的从田间到餐桌的高效转化机制，制约了产业链融合水平的提升。因此，应更好地发挥市场在资源调配中的基础性作用，推动青稞产业在差异化路径上探索突破，挖掘本地特色优势，增强其在产业链中的核心地位。通过打造产业集聚区，逐步将区域资源优势转化为可持续的经济效益。与此同时，有必要培育壮大本土新型农业经营主体，推动青稞在初级加工与深层开发方面实现协同发展。进一步完善产业科技创新体系，加强技术、管理、品牌和模式等多方面的协同创新，持续优化产品品质与产业结构，增强市场竞争力，助力产业向更高质量、更高效率方向发展。

四、未来发展方向

从产业可持续发展的角度出发，在实现青稞稳定增产与品质提升的前提下，"西藏青稞"品牌的塑造与推广已成为提升整体产业竞争力的关键一环。作为高原特色农业的代表性作物，青稞不仅承载着西藏传统农耕文明，也蕴含着巨大的市场潜力。2022年，西藏青稞成功入选国家农业品牌精品培育计划，这不仅体现出国家对该区域特色产业的认可，也为青稞进一步拓展市场、延伸产业链条提供了新的发展机遇。然而，品牌建设不是一蹴而就的过程，而是一个涵盖产品品质、市场定位、渠道拓展和品牌传播等多维度协同推进的系统工程。

未来发展应立足资源禀赋优势,围绕品质提升这一核心目标展开。一方面,要加强优质种质资源的系统选育与迭代培优,持续推进良种培育科研投入,使其在不同生态区域表现出更优秀的产量和抗性;另一方面,围绕种植管理环节,需进一步引入现代化农机设备与数字化管控系统,提升耕种效率和田间管理水平,降低人工依赖,推进"藏粮于技"的实际落地。此外,面对不断变化的市场需求和消费结构,西藏应当积极开展产品研发与功能定位差异化探索,在传统青稞糌粑、青稞酒基础上开发更多便捷、健康、多元的新型产品,如即食食品、青稞饮品、膳食补充类产品等,满足都市消费群体对营养健康的偏好。品牌建设离不开市场洞察,应通过常态化市场调研机制,深入了解消费者对青稞产品的认知程度与使用场景,不断优化产品包装、营销话术和传播渠道,提升品牌辨识度与用户黏性。在宣传推广方面,可借助短视频、电商直播、文旅融合等方式,将"西藏青稞"品牌形象与西藏地域文化相结合,塑造独具高原特色的农业品牌标识,拓展青稞产品的消费圈层与市场半径。

在绿色农业发展方面,构建规范、科学的绿色标准体系同样是产业迈向高质量发展的基础。目前,西藏青稞及其衍生产品在绿色食品、有机农产品及地理标志农产品认证方面已有所进展,但总体认证率仍不高。为此,未来应强化政策引导和技术支持,加大优质农产品申报和认证工作力度,推动形成"以标准引领生产、以认证提升品质"的长效机制。在具体措施上,需通过建立以基地为单位的标准化种植体系,落实农残控制、追溯体系、绿色投入品使用等核心指标要求,同时开展质量安全风险监测和过程监管,确保认证产品在全生命周期内符合绿色标准。

此外,要推动西藏青稞产业实现内涵式发展,还应注重构建产学研用融合发展的创新体系。依托现有科研机构和高等院校,设立面向青稞加工、保鲜、包装等关键环节的技术研发平台,促进工艺优化和产品升级。通过推动科研成果快速转化与落地应用,不仅能加快新品种、新技术的推广速度,也有助于打造具有自主知识产权的技术集群,提升整个产业链的附加值。

第二节　青海省青稞产业发展现状

青稞是青海省特色农牧业发展的重要组成部分，作为另一个青稞主产区，种植区域主要集中在东部中高位山旱地。这里的青稞种植面积稳定，产量可观，青稞种植面积约140万亩，占粮食作物播种面积的1/4，居全国第二位；青稞总产量约26万吨，接近全国青稞总产量的15%。青海在青稞品种选育上成果丰硕，培育出如昆仑系列、北青系列等多个优良品种，部分品种亩产突破千斤大关。在加工产业方面，青海的青稞加工转化率约为50%，位居全国前列，形成了以青稞酒、青稞米和青稞面粉为主的加工产业格局，打造出"天佑德"等知名品牌。同时，青海通过建立青稞产业联盟，加强企业与科研机构合作，推动了青稞产业的标准化、产业化和品牌化发展。青海青稞具有良好的资源优势、产业基础与政策机遇，但同时也面临着产业升级转型等方面亟待解决的问题。

一、生产种植现状

青海省作为我国青稞的重要产区之一，其青稞种植区域集中在气候冷凉、无霜期短的东部中高位山旱地，像海北州、海南州、海西柴达木盆地以及青南地区都是主要种植。近年来，省内青稞种植面积约140万亩，年产量约26万吨，在全省粮食生产中占据重要地位，约占全省粮食总播种面积的26%和总产的22%。

在品种选育方面成果显著，培育出了众多优质品种。比如高产粮用的昆仑15号，粮草双高的昆仑14号、北青9号，还有黑色加工专用的昆仑17号等。这些品种不仅产量高，适应性也强，部分品种如柴青1号、昆仑14号、15号等，亩产成功突破千斤大关，为青稞产量提升和品质保障奠定了坚实基础。

同时，青海省大力推进青稞种植技术的发展，已初步构建起包含栽培技术、加工技术等的全产业链研究体系。在不同区域，根据当地自然条件推广适宜的种植技术。以共和县（塘格木镇）为例，这里属高寒台地青稞区，约1/3耕地有灌溉条件，当地主推中（早）熟、中秆、高产、抗倒伏型品种，像柴青1号、昆仑15号等，并采用精细整地、合理水肥、精量播种等高效生产技术，使得平均单产达到350千克/亩，总产约21万吨。门源县则属高寒旱作阴湿区，主要种植早熟、粮草双高、抗寒耐低温和抗倒伏型品种，如昆仑14号、北青8号等，通过全程机械化精细整地、均衡施肥等技术，保障青稞产量，其平均单产200千克/亩，总产约5万吨，且所产青稞品质优良，是优质原料生产基地。

此外，在国家和地方政府的支持下，青海省的种子工程项目建设成效显著，建成了青海省国家农作物原种场、青稞良种繁殖基地等。这些项目的实施极大地改善了种子检测、加工、生产等基础设施条件，使种子质量、商品率和良种普及率大幅提高，种子对农业增产的贡献率超过40%。同时，通过"青海省游牧民定居工程"，开展土壤培肥、平整土地等工作，青稞综合生产能力得到进一步提升。

二、加工利用现状

近年来，青海省青稞加工业不断发展，加工量已占全省青稞总产量的1/3，成为藏区青稞加工转化率最高的省份。目前青海省从事青稞加工的规模企业33家，其中大型加工企业达到18家，包括国家级龙头企业2家，省级4家；中国驰名商标3个、青海省著名商标9个、"三品一标"认证产品1个。主导产业开发和加工的青稞产品约7类20多种，包括糌粑粉、青稞酒、青稞面、饼干等。特色产业通过开发系列青稞地方风味小吃、青稞特色食品、方便休闲食品和营养健康食品，提升了青稞加工利用价值。

1. 青稞米、青稞面粉加工生产初具规模

目前青海省青稞米、青稞面粉的生产已经初具规模，拥有年产2万吨青稞米、年产6万吨青稞面粉的生产能力。涌现出青海新丁香粮油有限责任公司、青海新绿康食品有限公司、青海可可西里生物工程股份有限公司等一批生产加工企业，部分生产加工设备为国际先进设备，保证了青稞米、青稞面粉的质量，在

青稞产地初加工方面取得了一定的成效，为青稞后续精深加工产品生产提供了保障。

2. 青稞传统、地方特色食品实现工业化

青稞酒、青稞糌粑是青稞的传统食品，目前在青海均已经形成了工业化生产。其中以青稞酒加工企业为典型，青海省青稞酒加工能力强，打造了一批高原特色酒类品牌产品，青海互助青稞酒已成为国家地理标志产品，形成如"天佑德""世义德""永庆和"等多个品牌，销售效益较好，很大程度上拉动了青稞产业化的发展。此外，青稞甜醅、青稞锟锅、青稞干粮等地方特色小吃也得到了开发利用。

3. 青稞制品质量明显提升

当前青海省涌现出以"丁香""青海大垚"为主打品牌的青稞挂面以及"青穗"牌青稞速食面产品。青稞挂面产品中青稞面粉添加量达到70%，青稞速食面中青稞面粉含量达到70%以上，已建成了年产3000吨青稞挂面和年产3000吨速食面生产线。实现了以青稞粉为主导的青稞面制品的生产，青稞面制品的外观、口感得到了很大程度的改善。

4. 青稞方便食品方兴未艾

青稞不含面筋蛋白，适合作为低面筋产品的生产原料，此外青稞口感粗糙，适当的油脂添加可改善青稞的粗糙口感。鉴于此，青海省内近年来涌现出一批青稞烘焙类产品，其中以"沃垚"牌青稞饼干系列产品和"可可西里"牌青稞糌粑饼、青稞麻花最具代表性，形成年产1000吨的生产规模；此外，"高寒"牌青稞麦片、膨化青稞片、青稞奶茶、青稞蛋卷等青稞营养早餐类产品在市场上崭露头角。青稞方便食品正在冉冉升起，并深受省内消费者喜爱。

5. 营养、健康的功效食品崭露头角

青稞具有丰富的营养保健功效，可作为开发健康功效食品的原料。2018年，青海省启动实施的《牦牛和青稞产业发展三年行动计划》中提出重点扶持以青稞β–葡聚糖、青稞黄酮等为核心成分的功能性高端产品加工企业，着力拓宽产业链、提升价值链。目前，部分企业已研发出青稞β–葡聚糖发酵饮料、青

稞麦绿素、青稞黑醋、青稞GABA萌发粉等精深加工产品，部分产品进入试生产和销售阶段，实现了青稞的营养健康高值化开发和综合性全利用。

三、存在问题与挑战

尽管青海青稞产业取得了一定发展，但仍面临诸多问题。青稞产区自然条件恶劣，大多集中在海拔2700～3900米的高寒地区，干旱、低温、霜冻、冰雹等自然灾害频繁发生，给青稞生产带来极大威胁。同时，地方经济发展相对滞后，对农田基本建设的投入不足，导致基础设施建设滞后，很多农田缺乏完善的灌溉、排水等设施，难以有效抵御自然灾害，青稞产量低且不稳定。

在技术推广应用上，存在"重品种、轻技术"的现象。虽然不断引进新品种，但配套技术的应用却没有跟上，使得新品种的增产潜力无法充分发挥。不同区域间技术更新换代差异明显，导致产量水平参差不齐。而且，青稞用途相对单一，目前仍以原粮生产为主，用于优质加工原料生产和粮饲兼用的比例较低，产品附加值不高，种植效益低下。在当前"一优两高"战略和"绿色有机农畜产品输出地建设"的背景下，现有的良种良法配套已无法满足新的发展需求，迫切需要科技创新来支撑产业升级。

青海青稞产业中，虽然加工企业数量不少，但龙头企业带动能力较弱。多数龙头企业规模较小，机制不够灵活，各自为政，未能形成产业合力，导致自然资源和品牌资源未能得到充分利用。在精深加工方面缺乏突破，产品附加值低，市场竞争力不足，难以抵御市场风险。此外，大部分企业规模相对较小，管理水平落后，融资能力较差，创新能力不足。多数企业仍采用小作坊和合作社的经营模式，缺乏拳头产品，难以在市场上形成稳定的市场份额，在激烈的市场竞争中处于劣势。

从产品结构来看，目前仍以酒类和初级食品加工为主，产品种类较为单一，缺乏多元化、高值化产品。产业创新驱动不足，技术人才短缺，导致产业整体处于产业链价值链低端，尚未形成完善的、现代化的青稞精深加工全产业链，无法满足市场对高品质、多样化青稞产品的需求。

在品牌培育方面，虽然已经培育出一些知名品牌，但不少企业缺乏品牌文化理念的支撑和创新意识。在品牌建设过程中，不能及时根据市场变化和消费者需求为品牌注入新内容，导致品牌生命力不足，难以在市场上长久立足，尚未形成有利于品牌持续发展的良好氛围。

四、未来发展方向

"十四五"期间，青海省以"青海青稞·健康天下"为目标，致力于扩大优质高效生产规模，推动技术创新突破，调整优化生产布局，加快建立青稞加工业标准体系，全力打造全国最大的绿色有机青稞产品输出地。

科技支撑是提升青稞产量和品质的关键。青海省将以优良品种为核心，结合丰产栽培技术，通过"良种良法"配套，加强农田基本建设，进一步扩大青稞种植面积，提高产量和品质。计划在主产区（如贵南、共和、门源等县）推广高产品种并配套高产栽培技术，使单产达到250～270千克/亩，次主产区单产也提升至200～220千克/亩。通过这些措施，预计青稞单产可增产20千克/亩，总产量增加2万吨左右，巩固青稞在藏族地区作为主粮的地位，保障粮食安全。

青稞具有粮饲兼用和作为优质加工原料的双重优势。青海省将充分挖掘这些优势，构建"农牧生（态）相互促进""种养加协同发展""耕地用养结合"的高效循环农业模式。在青稞饲料化利用方面，积极发展青稞青苗饲料化，利用青稞青苗营养丰富、再生能力强的特点，在牧区"青黄不接"时为牲畜提供补饲饲料，减轻草原负担。同时，加强秸秆的饲料化利用，推广种植"粮草双高"青稞品种，提高秸秆产量和利用率。在耕地用养结合方面，根据不同区域的特点，建立多种种植模式，如在河谷区推行"青稞产后复种豆科牧草"模式，在高寒区开展"青稞和豆科牧草混种"模式，有条件的地区建立"青稞、豆科作物"轮作体系，达到培肥地力、减施化肥的目的，同时解决冬春季牲畜优质青绿饲料缺乏的问题。

此外，青海省还将立足青稞的资源稀缺性和营养健康性，大力发展精深加工。从传统食品、营养健康特色食品和高值化功能食品三个方向进行产品开发，重点布局青稞酒系列产品、方便食品、高端保健品、多元化产品等领域。在青稞酒产品方面，发展出口型、高档型、保健型等不同类型的酒类产品，构建"青稞（黑青稞）—青稞酵素—青稞（黑青稞）白酒/啤酒/果酒"产业链；在方便食品方面，开发风味多样、营养强化的产品，如面粉、挂面、方便面等，打造"青稞（黑青稞）—青稞粉/青稞麦粒—青稞方便食品"产业链；在高端保健品方面，发展青稞蛋白粉、青稞膳食纤维等产品，构建"青稞低聚肽、β-葡聚糖、γ-氨基丁酸及β-葡聚糖口服液、高端保健品"产业链；在多元化产品方面，强化与省内农畜产业的结合，发展奶茶、麦片、酸奶等产品，并推进资源循环利用，以酒糟、秸秆等为原料，发展有机饲料、有机肥料等产品。预计到2025年末，培育产值20亿元以上企业2家，产值10亿元以上企业2家，产值1亿元以上企业6家，累计创建8个以上特色品牌；到2035年末，实现产业经济总量再翻一番，全面建成青稞加工业标准体系，成为世界级超净区生态青稞产品输出地。

产业布局上，青海省依托东部地区、泛共和盆地、柴达木盆地绿洲地区和青南高原农牧交错区四大主产区，构建"一个中心、三点辐射"的布局框架。东部地区产业基地作为核心，重点开展青稞产业技术研发与精深加工，建设大数据管理、仓储物流和精深加工企业，打造全国最大的青稞产品研发、集散及加工中心，在大通县和互助县建立国家级、省级青稞产业园。泛共和盆地产业基地兼顾良种繁育和青稞初加工，建成重要的初加工基地和生态畜牧业补饲基地，重点建设门源县、贵南县的产业园。柴达木盆地绿洲地区产业基地则集优质加工原料生产和产地初加工为一体。青南高原农牧交错区产业基地专注于彩色青稞（黑青稞、紫青稞、蓝青稞）专用加工原料生产，建成优质专用加工原料基地和生态畜牧业补饲基地。通过这种布局，实现资源的优化配置，促进青稞产业的协同发展，提升产业整体竞争力。青海作为青稞主产区，在种植、加工方面成绩突出，但也面临不少难题，为此制定了明确的未来发展规划。构建了全产业链研究体系，种子工程项目提升了种子质量和生产能力。加工转化率超60%，产品多样，青稞酒产业发展突出，打造了"天佑德"等知名品牌。技术创新成果丰硕，品牌建设提升了产品竞争力和附加值，带动了经济发展和就业。但是也存在着一定的问题，比如自然条件恶劣，自然灾害频发，基础设施建设滞后，影响产量稳定；技术推广"重品种、轻技术"，青稞用途单一，附加值低；龙头企业带动能力弱，精深加工不足，产品结构单一，产业创新驱动不足，品牌培育缺乏创新意识。未来的发展方向可以"青海青稞·健康天下"为目标，通过"良种良法"配套，加强农田建设，扩大种植面积，提升产量品质。挖掘青稞优势，构建高效循环农业模式，发展精深加工，开发多元产品，打造特色品牌。优化产业布局，构建"一个中心、三点辐射"框架，促进协同发展。

第三节　甘肃省青稞产业发展现状

甘肃省将青稞产业纳入"十四五"规划，重点打造甘南州、山丹县等青稞生产基地。青稞主要分布在甘南州、天祝藏族自治县、山丹县山丹军马场及沿祁连山高海拔地区。

一、生产种植现状

（一）甘南藏族自治州地区

青稞作为甘南藏族自治州的优势作物，具有早熟、耐寒、耐瘠薄以及强抗逆性等特性，适宜甘南州高海拔区域的自然条件。青稞作为当地重要粮食作物，广泛分布于合作、夏河、临潭、卓尼、迭部、碌曲、舟曲这七个县市，已然成为当地农业经济与粮食安全保障的关键支撑。据最新数据统计，全州青稞播种面积攀升至35万亩，呈现出蓬勃发展的良好态势。在产量方面，单产可达158.5千克/亩，2024年总产量5.5万吨，实现了稳步增长。从占比来看，青稞播种面积在全州粮食作物播种总面积中的占比稳固保持在较高水平，持续在保障全州粮食安全中扮演着无可替代的重要角色。

卓尼县青稞种植面积稳定在6.02万亩，在完冒镇、阿子滩镇、申藏镇、喀尔钦镇、扎古录镇、木耳镇、藏巴镇等十余个乡镇广泛种植。通过持续推进良种良法配套、加强田间管理等举措,产量也保持在较为稳定的状态。碌曲县青稞种植面积达到2.03万亩,主要种植区域集中在双岔镇与阿拉乡等乡镇。在产量方面,通过一系列科学种植技术的推广以及良种的普及,预计平均亩产可达150千克,总产量有望突破0.3万吨。夏河县青稞播种面积维持在6.3万亩左右,种植区域主要集中在阿木去乎镇、吉仓乡、唐尕昂乡、桑科镇等地。得益于持续的良种推广、精细化田间管理以及有利的气候条件,预计平均亩产可达200千克,总产量有望突破1.26万吨。合作市青稞种植面积达6.54万亩,产量达到0.85万吨。舟曲县青稞种植面积稳定在0.9万亩左右,主要集中在曲告纳、博峪、拱坝、插岗、八楞等乡镇。其中,曲告纳镇青稞种植面积达0.17万亩,为全县青稞种植提供了一定规模的产量支撑。迭部县青稞种植面积达1.9万亩,主要种植乡镇以卡坝、旺藏、尼傲、桑坝为主,还在全县集中连片打造了0.7万亩青稞基地,以电尕镇为中心,辐射其他乡镇。

结合甘南州青稞产业发展,青稞新品种选育目标调整为:一是选育粮草兼用青稞新品种。甘南州作为农牧业结合的重要区域,提升粮食安全保障能力与发展生态畜牧业至关重要,选育粮草兼用青稞新品种成为关键任务。二是选育专用特用青稞品种。针对新兴的消费需求,如功能性食品、特色饮品等领域,精准选育工作的开展迫在眉睫。甘南州持续大力推进青稞良种种植,规模进一步扩大且成效显著。全州青稞播种面积稳定在29万亩左右,良种覆盖率依旧保持在97%以上的水平。其中,自主选育的甘青及黄青系列等良种的播种面积仍占很大比重。碌曲县作为甘南州青稞良种繁育的核心区域,青稞良种繁育面积达1.2万亩。当地以甘青8号、甘青9号和甘青10号等为主,建立了大规模的青稞良种繁育基地。临潭县累计建成的青稞新品种提质增效集成技术示范及良种繁育基地达1000亩,持续为全县及周边地区输送大量优质青稞良种,为保障粮食安全和推动青稞产业发展贡献力量。通过选用良种、种子包衣、机械播种、病虫草害绿色防控、适期收获等一系列技术的集成应用,不断提升青稞良种的产量与质量,促进青稞良种繁育的标准化、规模化,确保全州粮食种业安全。

（二）天祝藏族自治县地区

天祝藏族自治县的青稞种植在传统种植模式的基础上，通过品种改良、产业升级和政策扶持，呈现出多元化、高附加值的发展态势。天祝藏族自治县的青稞种植面积已扩展至4.16万亩，主要分布于县域内高海拔区域的安远镇、哈溪镇、大红沟镇、朵什镇、抓喜秀龙镇、赛什斯镇、打柴沟镇、石门镇、西大滩镇、松山镇以及华藏寺镇等地区。在种植品种方面，天祝县积极引进和培育高产、优质青稞品种。例如，陇青1号（二棱青稞）通过试验种植，产量较传统品种增产29.2%，成为推广重点。在种植模式方面，天祝瑞兴合裕农生物科技有限公司通过"订单种植+保价收购"模式，推动农户参与黑糯青稞种植，收购价稳定在5.2~6元/千克，亩产200~250千克，显著提高了农民收入。在产业发展领域，青稞从传统口粮转向商品化开发，形成面粉、面条、麦片等深加工产品，并延伸至药用和保健领域。在技术层面，天祝藏族自治县农业技术推广中心与天祝县种业中心发挥着关键作用，它们承担着种质资源保护、良种繁育、基地建设、试验示范研究以及技术推广等多项重要任务。近年来，天祝瑞兴合裕农生物科技有限公司与甘肃省农科院合作开展长芒多棱黑青稞——陇青4号、勾芒多棱黑青稞——陇青5号、高蛋白质二棱青稞——陇青6号、高β-葡聚糖二棱青稞——陇青7号试验示范及加工工艺的研究。通过品种创新、产业链延伸和科技支撑，不仅为天祝县青稞产业的高质量发展提供了坚实的技术保障，也在售后环节为农户与企业解除了后顾之忧，有力地促进了青稞产业在天祝县的持续壮大。

（三）山丹县地区

山丹县作为甘肃省河西走廊中部冷凉区青稞种植的重要区域，山丹县青稞种植面积3.2万亩左右，主要分布在山丹军马场三场、四场，大马营镇、霍城镇等沿祁连山高海拔区。山丹县近年来积极开展青稞新品种试验示范，重点引进高产、抗逆性强的品种。例如，二棱青稞"陇青1号"在2020年的试验中表现突出，折合产量达7605.71千克/公顷，较当地传统农家品种增产29.2%，成为推广核心品种。借鉴青海等地的合作社经验，山丹县推动土地流转和规模化种植,通过合作社整合资源,实现耕、种、收全程机械化,降低劳动力成本。例如,青海日秀玛村通过成立农机合作社,机械化覆盖率达80%以上,亩产提升至250千克。截至2024年,该工作已取得显著成效,不仅有效保障了青稞品种的纯度,还极大地推动了当地青稞生产朝着标准化、规模化的方向迈进,为山丹县青稞产业的高质量发展奠定了坚实基础。

二、加工利用现状

目前甘南州有青稞产品加工企业(合作社)60余家,青稞产品的开发以青稞酒为主,此外还有青稞糌粑、青稞炒面、青稞挂面、青稞麦片、青稞点心等特色青稞产品。企业利用先进提取技术,开发出青稞β-葡聚糖胶囊、青稞膳食纤维片等高端保健品。甘肃以"甘南青稞"为核心品牌,整合各地资源打造统一品牌形象。甘南云端羚城食品科技有限公司等企业注重品牌文化建设,挖掘青稞背后的藏族文化内涵,将其融入产品包装与宣传推广中,赋予产品独特魅力。随着政府投资市场的优化和对青稞产业的重视,其经营规模迅速壮大。甘肃充分利用丰富的旅游资源与青稞种植优势,"农业+文旅+加工"的深度融合模式已初见成效,加工产品市场知名度不断提升,有利于农牧民增收致富。

三、存在问题与挑战

风险防控能力弱,科技辨识能力低;产业链条间缺乏紧密的利益联结机制与信息共享平台,产业上下游协同不足;部分农户对新技术接受较慢,需通过示范田和补贴政策(如良种补贴覆盖种子成本50%)激励推广;在监管方面缺乏有效的监管机制,重数量轻质量,产品质量科技赋予水平较低,没有掌握核心技术,因此面临市场压力时往往需要政策性辅助。

四、未来发展方向

提升青稞原料的专用品种选育,功能品种选育和抗逆品种选育;鼓励企业开发多元化的青稞产品,进一步拓展产品种类,实现全产业链整合;加强青稞加工技术的创新研究，从功能成分研究出发整合优势资源，引领带动青稞品质功能化发展，提升其附加值；引入智能化设备与系统，进行青稞智能化生产；加强品牌宣传推广和品牌建设，提高青稞产品的市场竞争力；推广绿色种植技术，结合畜牧业发展循环经济，降低环境压力。

第四节　四川省青稞产业发展现状

一、生产种植现状

在四川省青稞优势特色产业格局中，甘孜州与阿坝州构成核心发展极。作为全省最大青稞生产基地，甘孜州2024年延续规模化种植优势，全州青稞播种面积稳定在75万亩，占全省青稞总面积的70%，总产量突破15万吨，良种覆盖率达98%以上，实现年产值4.5亿元。阿坝州阿坝县则通过科技赋能实现产业升级，2024年青稞种植面积增至6.22万亩，总产量达1.3026万吨，其中黑青稞亩产提升至165千克，阿青6号等新品种亩产突破300千克。川西高原地区的粮食安全与青稞产业深度绑定，随着乡村振兴战略推进，产业发展呈现出新特征，标志着四川青稞产业正从传统种植向"科技+加工+品牌"的现代化发展模式转型。

二、加工利用现状

受地理条件、交通物流、经济基础等因素制约，甘孜州与阿坝州青稞加工产业长期处于初级加工阶段。当前产业以传统产品为主导，包括青稞面、青稞粉、青稞糌粑等。这类产品普遍存在品类单一、附加值低、包装简陋、创新迭代缓慢等问题，难以适应市场需求，产业竞争力较弱。近年来，随着政策支持力度加大及产学研协同创新深化，两地青稞加工产业迎来转型突破。通过政府引导、科研赋能与企业探索，青稞深加工产品体系逐步完善，产品结构持续优化。如今在当地市场，青稞麸皮茶、青稞奶茶、青稞沙琪玛、青稞饼干、黑青稞酒、藏白酒、青稞麦片、青稞麦绿素、青稞酸奶、青稞速食面、青稞甜醅等创新产品层出不穷。这些产品兼具地域特色与市场价值，凭借独特口感和健康属性广受消费者青睐，市场接受度与消费需求持续提升。产品附加值的提升与品类结构的丰富，不仅激活了青稞产业的发展潜力，更推动产业形态从单一初级加工向多元化、市场化、高附加值的现代产业体系转型升级。

甘孜州聚焦青稞产业培育新型经营主体，2024年，省级龙头企业增至2家，农民专业合作社达77家（含国家级示范社3家），构建起"龙头企业+合作社+农户"的联动发展体系。产业规模持续扩大，全州162家食品饮料加工企业中，青稞加工企业达17家，2024年食品饮料加工总产值突破9.2亿元，其中青稞加工业产值1.35亿元，占比14.7%，成为食品产业增长最快的板块。甘孜县格萨尔青稞文化产业园完成投资6.8亿元，建成智能化生产线8条，形成青稞熟粉、饼干、酒类等28个单品的生产能力，熟粉年产量能达1.2万吨、饼干年产量8万盒。市场拓展成效显著，依托对口支援在长三角、成渝地区新增6家农产品直营店，通过电商直播等渠道，青稞产品年网络销售额达1800万元。

阿坝州青稞产业近年来通过科技创新与品牌建设实现跨越式发展。截至2024年，全州青稞加工企业增至65家。阿坝县高原黑青稞天然生物开发有限公司等3家企业持续发挥龙头作用，2023—2024年度新增托岗黑青稞、青源青稞业等5家州级农业产业化重点龙头企业，构建起"领军企业+专精特新"的雁阵格局。此外，阿坝县政府通过培育托岗黑青稞等龙头企业，大力发展青稞产业链，已研发生产黑青稞饼、青稞奶茶等37个青稞系列的产品，获得22个青稞有机产品认证。目前，这些产品通过线上线下销售及消费扶贫渠道，远销浙江、上海、北京及港澳等地。

三、存在问题与挑战

（一）企业引领作用弱

其一，产业主体结构失衡，主要表现为小微企业及家庭作坊式生产主体占比过高，规模化龙头企业数量不足，尚未形成"龙头引领、集群发展"的产业格局。其二，产业技术创新能力薄弱，主要表现为多数企业生产设备老旧、技术迭代缓慢，且缺乏专业研发团队，导致创新能力不足，制约了产品质量稳定性与附加值的提升。此外，由于生产规模有限，企业在市场渠道拓展、品牌体系构建等方面普遍面临资源短缺困境。其三，产品结构低端化特征明显。现有产品矩阵集中于糌粑、青稞面、青稞糕点、青稞饮料等传统初级加工品类，缺乏高科技含量、高附加值的精深加工产品，整体市场竞争力与溢价能力较弱。

（二）产品开发能力低

在甘孜州49家获证特色农牧产品加工企业中，仅3家设有研发室，且均未配备专业科研人员，导致企业实质缺乏新产品开发能力，这是造成产品种类单一的重要因素之一；而与科研院校开展合作的企业仅有2家，这进一步导致产品更新换代迟缓，难以形成高附加值与市场竞争力。从生产端来看，全州食品生产加工企业普遍存在设施设备简陋、生产工艺简单、机械化程度偏低的问题。以3家糌粑生产企业为例，其生产环境和设备普遍陈旧落后。青稞糌粑虽采用"青稞炒制—磨粉—杀菌—包装"的传统工艺，其中传统水磨磨粉工艺使产品具备口感细腻、风味纯正的优势，但受限于简陋的生产环境和简单的紫外灯杀菌方式，实际杀菌效果未能达到标准要求，多次抽样检测中出现微生物指标（菌落总数）超标的情况，凸显出加工技术升级改造的紧迫性。

四、未来发展方向

在产业发展支撑层面，青稞产业虽已获得多维度助力，但面对市场竞争压力与产业化进程中的瓶颈制约，仍需在多个关键领域持续发力，构建更加完善的产业发展体系。首先，需进一步强化政策与财政扶持力度，以政策"组合拳"为青稞产业健康发展保驾护航。在项目扶持方面，设立专项产业发展基金，重点支持青稞种植基地建设、加工技术升级改造、冷链物流设施完善等关键项目，推动产业全链条优化。同时，针对产业发展中的资金需求，为符合条件的企业和农户提供无息贷款，解决融资难题，缓解资金压力。此外，建立政策动态调整机制，根据产业发展实际需求和市场变化，及时优化和完善扶持政策，确保政策的精准性和有效性，为青稞产业营造稳定、有利的政策环境。其次，增强科技创新驱动力是推动青稞产业升级的关键。引进先进种植技术，如滴灌节水技术、测土配方施肥技术、病虫害绿色防控技术等，提高青稞种植的效率和质量；引入智能化加工设备，实现青稞加工过程的自动化、精准化，提升产品品质和生产效率；搭建数字化管理系统，对青稞种植、加工、销售等环节进行实时监控和数据分析，实现产业的精细化管理。在青稞种质资源保护与利用方面，开展种质资源普查、收集和鉴定工作，建立种质资源库，为品种选育提供丰富的遗传材料；加强标准化栽培技术研发，制定适合不同区域的青稞种植标准和操作规程，提高种植的规范性和科学性；聚焦高附加值产品工艺创新，研发青稞功能性食品、保健品、生物制品等新产品，拓展产业发展空间，提升产业科技含量和核心竞争力。通过打造青稞高产示范基地，集中展示先进种植技术和管理模式，发挥示范引领作用，带动周边农户扩大种植规模，提高种植水平。建设现代农业园区，整合土地、资金、技术等资源，实现产业集聚发展，提高产业的集约化程度。在园区内推广优质品种，建立良种繁育体系，确保青稞品种的优良性和稳定性；普及精准种植技术，利用物联网、大数据等技术，实现对青稞生长环境的精准监测和调控，提高青稞的产量和品质。最后，需完善产业链条和品牌构建，打造具有特色的青稞产业生态。以青稞现代农业园区为载体，培育和壮大龙头企业，发挥龙头企业在技术创新、市场开拓、品牌建设等方面的引领作用。延伸青稞深加工产业链，开发青稞面粉、青稞酒、青稞保健品、青稞膳食纤维等多元化产品，提高产品附加值，增加产业收益。整合区域资源，加强区域内企业间的合作与交流，实现资源共享、优势互补。构建"种植—加工—销售—服务"一体化的产业生态，加强各环节之间的衔接和协同，形成完整的产业闭环，提高产业的整体效益和抗风险能力，推动青稞产业高质量发展。

第五节　云南省青稞产业发展现状

一、生产种植现状

2024年云南省青稞种植规模持续扩大，全省总种植规模达14.5万亩，其中迪庆藏族自治州占比49.5%，继续保持核心产区地位。作为涉藏地区农牧民生计的重要支柱，青稞兼具粮食安全、饲料供给、酿酒原料及特色食品加工等多重功能。迪庆州依托高原立体气候特征，形成冬春青稞差异化种植体系：冬青稞集中于海拔1500~2650米的金沙江、澜沧江河谷地带，主推云青2号、迪青6号等高产抗病品种，单产突破215千克/亩，商品化率达68%；春青稞分布于海拔2650~3450米的高寒区域，以迪青1号、迪青2号等耐寒品种为主，主要用于口粮保障、饲草供应及民族宗教活动原料，占总产量的32%。

2024年迪庆州青稞种植面积增至6.85万亩，总产量1.43万吨，平均单产提升至208.8千克/亩，较上年增长7.3%。全州青稞产业综合产值突破3.1亿元，其中农业产值达4200万元，同比增长6.7%；加工业产值跃升至2.68亿元，增幅达12%。科技对产业的贡献率提升至58.5%，耕种收综合机械化率突破50%，智慧农业技术应用覆盖率达18%。种植区域格局呈现"一核多元"特征，迪庆占全省总面积的44.8%，丽江、怒江分别占22.1%和19.3%，昆明依托科研优势建立种质资源繁育基地。

在政策支持下，迪庆州完成2.8万亩高标准农田改造，推广水肥一体化智能灌溉系统，实施"四良工程"（良种繁育、良法配套、良技集成、良机适配），带动单产年增长率稳定在5%以上。通过"企业+合作社+农户"联动机制，青稞收购价稳定在4.3~5.5元/千克区间，带动1.8万户农牧民户均增收1300元，产业对粮食总产的贡献率提升至8.2%。

二、加工利用现状

2024年，迪庆州青稞加工产业加速向精深加工转型，规模以上企业增至15家，家庭作坊式企业超过120家，形成了以饮品、食品为主的多元化产业链。香格里拉酒业、藏雄青稞食品等龙头企业新增"青稞威士忌生产线""青稞β-葡聚糖提取设备"等高端装备，推动加工产能提升30%。全年加工青稞原料2.1万吨，实现工业产值2.5亿元，同比增长23.1%，其中精深加工产品占比达45%，较上年提高10%。

产品结构持续优化，开发出青稞多肽粉、青稞膳食纤维片等功能食品，以及青稞精酿啤酒、青稞威士忌等高端饮品。"香格里拉精酿啤酒"蝉联"欧洲啤酒之星"银奖，藏雄青稞饼干入选2024年"云南名品"目录。品牌建设成效显著，全州累计获得地理标志认证产品3个，"香格里拉青稞"成功申报国家地理标志证明商标，品牌溢价能力提升20%。龙头企业通过"公司+基地+农户"模式，带动1.2万户农户参与产业化经营，订单农业覆盖率达65%。

三、存在问题与挑战

（一）农业生态环境和基础设施薄弱，生产能力较低

云南青稞生产主要分布在山区和高寒坝区，这些地区立体气候显著且自然灾害频繁，给青稞种植带来了诸多不确定性。同时，农业基础设施薄弱的问题依然突出，土地贫瘠现象较为普遍，高稳产农田比例较低，水利化程度也不高，导致春青稞产区仍然处于"雨养农业"状态。农业综合生产能力较低，抵御自然灾害的能力弱，使得青稞产量低且不稳，严重制约了青稞产业的发展。虽然国家在农业基础设施建设方面投入了大量资金，但云南山区和高寒坝区的复杂地理条件给基础设施建设带来了巨大挑战，建设成本高、难度大，导致基础设施改善进度相对缓慢。此外，部分地区缺乏有效的土地整治和土壤改良措施，进一步加剧了土地退化问题。在一些偏远地区，由于交通不便和信息闭塞，先进的农业技术和设备难以推广，进一步限制了青稞产业的发展。

（二）科技对产业支撑、贡献率低

青稞生产科研力量薄弱，农业科技投入相对不足，科技创新能力有限，提质增效生产技术集成不够完善，这些因素导致科技对青稞产业的支撑和贡献率处于较低水平。在青稞育种方面，主要以传统方式为主，存在周期长、效率低的问题，良种繁育推广体系不完备，良种良法配套不足，难以充分发挥新品种的增产潜力。此外，在青稞新品种培育过程中，多注重产量性状的提高，而对于青稞在不同生态条件下的粮饲兼用型、加工专用型等多元化品种研发不够，致使青稞的产量和品质难以满足加工企业及生产消费群体的多样化需求，严重制约了青稞专用新品种的选育和开发利用。

由于历史文化等因素的影响，当地农民的科技意识较为薄弱，接受和应用新技术的能力相对不足，导致新品种、新技术的示范推广工作面临较大困难，科技成果的覆盖率和转化率也处于较低水平。尽管近年来政府和相关部门加大了农业科技培训和推广力度，但由于农民文化水平和思想观念的差异，以及农业技术推广体系在基层存在的不足，农民对新技术的接受和应用速度仍然较慢。此外，青稞种植技术的标准化程度较低，缺乏统一的技术规范和操作流程，导致生产过程中的质量控制难以保证，进一步影响了青稞产业的整体效益。

（三）精深加工滞后，产业化程度低

随着青稞产业的发展，青稞加工业也有所带动，但整体产业化水平仍然不高。龙头企业普遍存在"小、散、弱"的问题，缺乏专业的研发加工技术人才、资金和技术支持，抗御风险能力较弱，其生产、经营和销售受地域限制较大，市场竞争力不足。青稞加工主要以初级加工为主，加工产品种类有限，同质化现象突出，缺乏高附加值的精深加工产品，青稞加工创新能力不足，产品科技含量低，加工转化率较低，导致青稞产业的经济效益难以提升。

品牌建设滞后也是当前云南青稞产业面临的重要问题。缺少独创的名牌产品，使得青稞产业链条较短，对农户的辐射带动作用有限，企业对地方经济的拉动能力也不强。在市场竞争日益激烈的背景下，品牌建设对于产品的市场认可度和竞争力具有至关重要的作用，但由于云南青稞产业在品牌打造方面

的投入不足，品牌知名度和美誉度不高，影响了青稞产品的市场销售和产业发展。青稞加工企业的组织化程度较低，缺乏有效的行业协作和联盟机制，难以形成规模效应和协同优势，进一步限制了青稞产业的市场拓展和品牌建设。

四、未来发展方向

充分发挥青稞健康粮食、功能食品、饲草饲料、酒业原料、观赏编织、中药材六位一体综合利用优势，按照"区域化布局，良种化生产，产加销一体化服务，产业化经营"的发展战略，以资源优势为依托，以市场需求为导向，以经济效益为中心，以科技措施为保障，以各级支持涉藏地区发展为契机，扩大青稞种植区域面积，提高加工能力和水平，提升品质和质量，走"市场引导企业—企业形成龙头—龙头带动基地—基地联结农户"的道路，把区域自然优势转变为产业优势和特色经济优势，加快推进云南青稞产业标准化、规模化、品牌化发展。

（一）优化布局，提高效益

根据云南自然生态禀赋、农业耕作特点，建设形成冬青稞主产区和春青稞主产区两个青稞生产区域，集中投入，综合改造，形成集中连片、高产稳产的青稞生产基地。冬青稞主产区为一年两熟的河谷地区，按照"科研+公司+基地+农户"等模式进行生产，壮大产地知名品牌，实现一二三产业融合发展，打造优质青稞商品粮主产区，促进农业增产、农民增收、产业增效；春青稞主产区为高原坝区，在保证涉藏地区口粮安全的基础上，逐步发展春青稞商品粮生产。还可以通过优化种植结构，推广绿色种植模式，减少化肥和农药的使用，提高青稞的品质和安全性，进一步提升青稞产业的市场竞争力。

（二）依靠科技，挖掘潜力

强化科技支撑，加快推广良种良法和先进适用的提质增效生产技术，改善农田基础设施及装备条件，提升青稞生产的规模化、机械化和标准化水平，提高水资源、耕地、肥料等的利用率。加强科技人才队伍建设和农技推广体系建设，提高劳动者科技素质和生产技能水平，全面提高青稞生产技术研究能力、技术推广水平、青稞种植水平、青稞产品研发能力。充分挖掘青稞增产潜力，着力提高青稞单产水平、青稞品质，稳步提升青稞综合生产能力。同时，加强与高校和科研机构的合作，建立产学研一体化的创新平台，推动青稞产业的技术创新和成果转化。

（三）加快青稞加工技术创新

充分发挥龙头企业的引领、带动作用，引进和培育、扶持龙头企业，进行科技成果转化及系列功能产品研发加工。引导龙头企业加快结构调整、技术与体制创新，提升企业的研发能力、生产能力、市场拓展能力，增强龙头企业对青稞生产及农户的带动能力，发展一批具有示范引领和带动作用的青稞龙头企业，推动青稞产业化经营。提升青稞精深加工水平，指导加工龙头企业构建完整的青稞产业生产体系、经营体系、产业体系，扶持企业上规模、上档次，向多品种、系列化、精深加工方向发展，开发符合市场需求的中高档饮食产品，满足多样化市场需求，促进青稞产业链向中高端延伸。此外，鼓励企业加大研发投入，引进先进的加工设备和技术，提高青稞加工的自动化和智能化水平。

（四）产业融合发展

青稞作为农牧交错区的主要作物，籽粒、青苗和秸秆都是优质的饲料。青稞饲料是青稞消费的一个重要用途，近年来，随着云南高原特色畜牧业的发展，青稞饲用消费的比重正在不断提高；从各产区自然生态禀赋和农业耕作特点出发，因地制宜开展种养结合、种养加协同等多产业融合发展的模式。补齐青稞产业链短板，促进全链条提升、全产业融合，实现青稞产业高质量可持续发展。同时，探索青稞在生态旅游、文化创意等领域的应用，拓展青稞产业的多元化发展路径。

（五）加强品牌建设与市场拓展

品牌建设是提升青稞产业竞争力的关键，打造具有云南特色的青稞品牌，提高市场知名度和品牌美誉度。通过政府引导、企业主体、社会参与的方式，整合资源，形成品牌合力。同时，积极拓展国内外市场，利用电商平台、线下门店等多种渠道，将云南青稞产品推向更广阔的市场，满足消费者多样化需求。还要加强品牌宣传和推广，通过举办青稞文化节、农产品展销会等活动，进一步提升云南青稞的品牌影响力。

（六）政策支持与保障

政府应继续加大对青稞产业的政策支持力度，通过财政补贴、税收优惠、项目扶持等方式，鼓励企业加大科技投入，提升青稞产业的科技水平。加强青稞产业的基础设施建设，改善生产条件，为青稞产业的发展提供良好的硬件环境。此外，政府还应加强对青稞产业的监管，规范市场秩序，保障青稞产品的质量和安全。同时，建立健全青稞产业的政策保障体系，完善农业保险制度，降低农民和企业的生产经营风险，为青稞产业的可持续发展提供有力保障。

第四章

青稞产业发展重点企业

青稞作为青藏高原地区特有的粮食作物，不仅承载着悠久的农耕文化与民族饮食传统，更是推动高原农业现代化、助力乡村振兴的重要产业支柱。近年来，随着健康消费理念的兴起和特色农产品市场的需求扩大，青稞产业迎来前所未有的发展机遇，产业正从单一的传统种植模式，向集加工、销售、品牌化为一体的现代产业体系加速转型。在此背景下，重点企业通过技术创新、品牌打造和产业链整合，逐步成为引领青稞产业规模化、标准化、高附加值发展的核心力量。本章将聚焦青稞产业中的重点企业，分析其发展模式、市场策略及对区域经济的带动作用，以期为产业优化升级提供参考，进一步释放青稞的经济价值与社会效益。

第一节　西藏自治区重点企业

一、西藏奇正青稞健康科技有限公司

（一）企业简介

西藏奇正青稞健康科技有限公司成立于2007年，是奇正集团继投资"奇正藏药"后，为发展西藏青稞产业投资的专注青稞种植、加工、研发、营销的一体化产业公司。

公司以"奇正青稞"为统一宣传推广品牌，努力创新发掘青稞营养健康价值，以做药的严谨态度做青稞食品，持续为广大消费者提供安全多样、功能可靠、营养健康的青稞食品，同时积极承担企业社会责任，为乡村振兴贡献力量。

公司经过18年的发展，现已成为"国家杂粮加工技术研发专业分中心""国家粮食产业（青稞深加工）技术创新分中心""西藏自治区青稞食品加工企业技术中心""西藏自治区科技型中小型企业""拉萨市青稞食品深加工工程技术研究中心""拉萨市农牧产业化经营龙头企业"，等等。

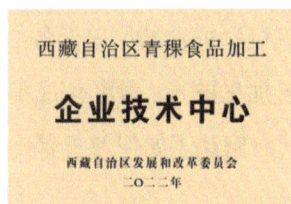

（二）创新突破

西藏奇正青稞健康科技有限公司作为西藏农牧产业化龙头企业，始终致力于西藏青稞种植加工的技术进步和规模化经营，专注青稞种植加工一体化发展；以做药的严谨态度做青稞食品，确保品质优良；努力挖掘西藏特色资源，为广大消费者提供安全、生态、营养、科学多样的青稞系列食品。用品质筑基，以创新驱动，提升产品核心竞争力。公司与清华大学、中山大学、哈尔滨医科大学、中国农业大学、国家粮科院、北京工商大学等十余所国内外知名科研机构建立了长期科研合作关系；拥有青稞授权中国发明专利30项，发表青稞领域学术论文15篇；参与国家标准GB/T 11760《青稞》的编制工作；严把"购、产、销"各环节质量关，坚持以青稞添加量不少于20%的标准开发青稞产品。公司上市了青稞原料粮、青稞功能健康食品和青稞即食方便食品三大系列，共计50余款产品，实现了青稞全谷物综合加工利用，产品通过了管理体系、有机产品、绿色产品等多项认证。

公司以"科技驱动、功能验证、标准制定"为导向，重点围绕：青稞低GI机制研究与血糖控制效果的临床试验；青稞多糖类功能成分的高效提取及其在保健食品中的应用；青稞蛋白与谷物复配的功能主食基础配方开发；全谷物青稞相关的国家标准与团体标准制定等，打造"青稞研究创新中心+功能食品孵化平台"双引擎，培育持续性产品创新能力。

公司产品加工已实现从原粮处理、分级、制粉、酶解、再成型、烘焙、包装等多环节的自动化、标准化作业。生产线使用国产和进口先进食品加工设备，建成自动化生产线，运用物理脱皮加工技术、低温制粉加工技术、微膨化成型加工技术等，最大程度保留了青稞原有的营养成分，同时解决了如何使青稞走出高原，以内地人适合的食用习惯呈现给消费者的难题。

为助力西藏青稞，奇正青稞在厂区内建成2000多平方米的西藏青稞博物

馆，旨在宣传西藏特色优势粮食资源青稞，搭建青稞宣传平台，让大众了解世界各地青稞的种植范围和特点、青稞悠久的历史文化、西藏青稞在全球青稞的地位、西藏传统农业向现代农业的转型过程、青稞功效作用及现代营养保健研究成果以及西藏青稞风土人情。让参观者能够亲身体验青稞传统加工方式及青稞杂粮系列功能食品，其中重点展示西藏青稞和农区人民生活，深度关联产业复兴的规划、进度及成效，成为全区青稞产业振兴成效的宣传平台。

（三）产品优势

企业通过对自有专利成果转化和产品自主开发，秉承"做健康西藏青稞功能（降糖降脂）食品"的理念，以"慢升糖，找奇正青稞"为市场布局，坚持以西藏出产的青稞作为原料且青稞添加量均不少于50%的标准开发特色地道的青稞功能产品，认证上市了多款低GI青稞食品；已上市了3大系列产品，研发储备了多项深加工技术。

（1）青稞原料粮系列：青稞原麦、低GI青稞米、青稞粉、青稞高纤粉、青稞富纤粉等。

（2）青稞功能健康食品系列：青稞大麦茶、青稞高纤固体饮料、青稞麦绿挂面、低GI青稞挂面、低GI青稞无糖饼干、青稞火锅面、青稞黄精茶、青稞牛肉面等。

（3）青稞即食方便食品系列：低GI青稞即食脆片、青稞即食麦片、低GI青稞即食米饭、低GI青稞即食珍珠米、青稞即食米稀、青稞植物基素肉等。

（4）深加工储备系列：超临界萃取青稞胚芽油系列、青稞降糖减脂养生系

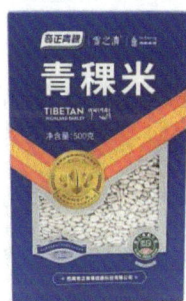

列、青稞高纤高蛋白多谷物青稞即食产品系列等。

（四）市场佳绩

公司统一宣传品牌——"奇正青稞"在青稞食品加工领域经过10多年的积淀，积累了一定的知名度，因产品质量过硬、降糖减脂功能可靠，得到了消费者认可，积累了忠实的消费群体；企业为推广宣传西藏青稞，于公司内筹备建成了青稞博物馆，从青稞的传说、农耕、文化、生活、研究、加工等方面进行展示，宣传推广西藏青稞及青稞产品；公司多渠道展示推广产品，获得多项奖项：

· 青稞米2015年获得第9届中国国际有机食品博览会产品金奖

· 青稞米2017年获得全国糖酒会新品大赛优秀奖

· 青稞米2018年获得第16届中国国际农产品交易会参展农产品金奖

· 青稞米2019年获得第13届中国国际有机食品博览会产品金奖

· 青稞高纤粉T-Fiber 2022年获得第5届天然新势力之创新原料评选源创技术奖

· 青稞脆片2023年获得第23届中国方便食品大会"行业创新产品"奖

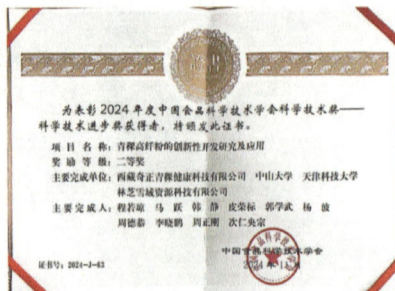

·青稞脆片2024年获得2024中国GI国际会议"产业融合"奖

·2024年青稞高纤粉研发获中国食品科学技术学会年度科学技术进步二等奖。

（五）产业带动

公司主要以青稞原粮收购带动农户增收，助力乡村振兴。以"企业+政府+农户"形式，在拉萨市、林芝市、山南市、日喀则市等地通过订单种植合作或原粮收购合作，进行青稞收购。2018—2025年，通过农户收购或订单种植合作形式，按高于市场价以普通白青稞5.2元/千克、普通黑青稞6.0元/千克和有机白青稞6.0元/千克的价格进行收购，累计收购农户青稞3151吨，原粮直接收购款项合计1856万元，累计惠及农户3500多户。2025年，公司同拉萨林周县签订建立6000亩青稞订单种植和2000亩有机青稞基地种植协议。

二、西藏春光食品有限公司

（一）企业简介

西藏春光食品有限公司（以下简称"春光食品"），是致力于发掘青稞潜力、服务高原民生、传递健康理念的先行者之一。2004年7月，西藏的现代化工业进程尚在起步阶段，春光食品的成立具有里程碑式的意义。作为西藏自治区较早涉足青稞食品精深加工领域的民营农牧产业化龙头企业，它不仅填补了当时市场对高品质、多样化青稞加工食品需求的空白，而且代表了一种新的发展模式——将传统的农牧业资源与现代食品加工技术相结合，探索一条符合西藏实际的产业化发展道路。公司位于拉萨市达孜区工业园区，园区具有相对完善的基础设施、优惠的政策环境以及产业集聚的潜力，为企业的初创和发展奠定了坚实的基础。春光食品从创立之初，就确立了其核心的发展理念，即"为西藏人民造福，为全国人民送健康"，体现了企业的双重价值追求：一是内向聚焦，服务本土，惠及民生，"为西藏人民造福"体现在对本地资源的有效利用、对传统饮食文化的尊重与创新、对农牧民增收的直接带动以及对本地就业的贡献。通过发展青稞产业，将资源优势转化为经济优势，让高原的馈赠真正惠及当地百姓。二是向外拓展，传递价值，共享健康，"为全国人民送健康"着眼于青稞独特的营养价值（如高膳食纤维、富含β-葡聚糖、多种维生素和矿物质等）和高原纯净无污染的产地优势。春光食品致力于将这种健康的、带有雪域特色的食品推广到全国，满足广大消费者对天然、营养、功能性食品的需求。这一发展理念，不仅是企业文化的核心，也成为指导公司所有经营活动的根本原则。在各级政府的大力支持和关怀下，春光食品经过20年发展，从初始投资800万元的小型加工厂，成长为总资产3.6亿元、年产值突破2.1亿元的自治区级农业产业化重点龙头企业，市场占有率连续5年位居西藏青稞加工行业前三。截至2023年，累计收购青稞19263.81吨，占西藏青稞商品化流通总量的7.3%，其中高β-葡聚糖品种藏青2000占比达68%。已研发青稞干吃片、青稞速食面条、青稞饼干等多种产品，青稞含量均在60%以上，部分达100%，并获得15项专利

证书。公司通过了ISO9001质量管理体系认证、HACCP 安全生产管理认证，先后获评"国家科技型中小企业""西藏自治区高新技术企业""拉萨市质量标杆企业"，2023年入选"全国民族特需商品定点生产企业"。

（二）经营模式

1."四维联动"产业共同体

公司创新发展"企业+基地+农户+市场"模式，形成利益共享机制。通过基地标准化建设，在拉萨市达孜区、林周县建立5个青稞种植合作社，推行"统一供种、统防统治、订单收购"管理模式，良种覆盖率达95%，化肥农药使用量减少30%，青稞亩产提高至350千克。为1000余户直接合作农户提供免费技术培训和田间指导，培养"土专家"，使农户种植收益从1800元/亩提升至2600元/亩。以高于市场价8%~12%收购建档立卡贫困户青稞，解决当地21名农牧民就业，提供27个季节性岗位，人均年增收3万元，占达孜区农牧民人均可支配收入的35%，累计帮助400户农牧民脱贫。整个模式围绕市场需求运转，生产出的优质青稞最终通过企业的加工和销售渠道进入市场，实现价值转化。这种模式有效地将企业、基地（通过合作社或直接与大户合作）和农户结成了"风险共担、利益共享"的经济共同体，实现了小农户与大市场的有效对接。

2. 产业链延伸策略

初加工板块：向阿果安娜水果（大厂）有限公司北京分公司（烘焙原料供应商）、成都林记食品有限公司（方便面企业）供应青稞米、青稞粉等原料，2023年原料销售额占比达55%，合作规模达8000吨/年。

深加工板块：与上海来伊份股份有限公司联合开发青稞能量棒、青稞脆片等休闲食品，终端毛利率达48%，2023年销售额突破8000万元，占公司总营收的40%。

酿造板块：推出"藏之源"系列青稞啤酒（4.5%vol）和青稞白酒（52%vol），通过拉萨文旅渠道铺货，复购率达40%，2024年计划拓展至川渝市场。

3. 文化赋能

根据产品核心优势，创新文化赋能营销模式，例如在青稞精酿啤酒的市场推广中，打造藏地IP，实现溢价空间。

故事性营销模式，主要通过绑定"西藏非遗酿造工艺""千年藏地青稞酒传统"等概念，打造高端文化IP。

打造场景联想模式，通过突出"高原庆典""雪山下的微醺"等场景，吸引文旅、礼品市场消费群体。

（三）销售情况

通过线下渠道，产品覆盖西藏600家商超（如百益超市）、内地15个省市（北京、广州、山东等），入驻盒马鲜生"西藏特色专区"，2023年线下销售额1.2亿元，同比增长18%。通过线上拓展，开设天猫"西藏春光旗舰店"，主推青稞代餐粉（月销10万+）、青稞酥油茶（复购率35%），2023年电商营收占比30%，抖音直播单场最高GMV达150万元。产品出口日本（青稞玄米茶）、韩国

（青稞酵素）、尼泊尔（青稞糌粑），2023年出口额1200万元，其中日本市场占比60%，客单价80美元/单。联合西藏文旅厅推出"青稞故事"文创礼盒，内含青稞饼干、藏式茶具及非遗唐卡手册，溢价率达50%，年销量超5万盒。连续5年参展"中国国际农产品交易会"，获"最具市场潜力奖"，2023年签约订单5000万元。

（四）品牌建设情况

2017年公司的"雪域圣谷"被拉萨市工商局授予"拉萨市名牌产品"。该品牌系列青稞食品是西藏春光食品有限公司经过20年的努力建立起来的知名品牌。首先，雪域圣谷青稞香米是以西藏青稞元素作为公司的企业文化背景，生产青稞系列食品，改善饮食需求的文化品牌，为健康生活品牌融入新时代文化价值和商业价值，使其既有历史和文化的内涵，又有时代的气息和现代商业的理念，开创了现代西藏青稞品牌的先河。其次，企业是西藏乃至全国第一个以青稞为主要原料生产青稞麦片、青稞香米的企业。"雪域圣谷"品牌已在社会和广大消费者心中产生良好声誉和广泛影响。

三、西藏德琴阳光庄园有限公司

（一）企业简介

西藏德琴阳光庄园有限公司成立于2016年，坐落于"世界青稞之乡"日喀则市桑珠孜区江当乡光伏小镇，占地面积146亩。作为国内青稞全产业链发展的领军企业，公司以"传承青稞文化，引领健康生活"为使命，依托日喀则独特的自然资源——海拔3900米的高寒气候、纯净土壤、3300小时年日照时长及雪山冰泉灌溉，打造出生态无污染的青稞种植基地，构建集种植、研发、加工、销售于一体的青稞全产业链体系。2020年，日喀则市青稞总产量达40万吨，而德琴阳光庄园的年加工量已突破10万吨，其中青稞米8万吨、青稞粉2万吨，占全市加工总量的25%。

德琴阳光以科技创新为核心驱动力，与北大荒、中粮集团等龙头企业及浙江大学、江南大学等高校深度合作，攻克高原生产线技术难题。通过产学研用的深度融合，不仅优化了传统青稞产品的加工工艺，更成功研发出一系列深受市场欢迎的高附加值创新产品。构建了四大核心产品线：高原青稞米（保留青稞天然营养，口感独特）、营养青稞面粉（适用于制作各类面点，健康易消化）、青稞超微粉（精细研磨，易于吸收，适用于功能性食品和饮品添加）以及青稞精酿啤酒（选用优质高原青稞，融合现代酿造工艺，打造具有藏地特色的风味佳酿）。这四大产品线互为补充，满足了不同消费群体的多元化需求，也极大地延伸了青稞的产业链条，从初级农产品加工迈向了精深加工和品牌食品制造，显著提升了青稞的经济价值。这不仅为企业自身带来了新的增长点，更为重要的是，通过对青稞资源的高效利用，直接带动了当地农牧民的增收，有力地推动了西藏青稞产业的整体转型升级，使其从传统农业向现代化、品牌化、高值化方向迈进。

（二）经营模式

德琴阳光庄园创新推行"政府搭台+企业引领+科研合作"的三产融合模式。在政府支持下，公司整合资源建设"青稞精深加工扶贫产业园区"，打造从种植、加工到销售的闭环体系。通过"公司+合作社+农户"的订单农业模式，公司以高于市场价10%～15%的价格收购当地青稞，覆盖日喀则10个县区的种植户，累计收购资金超4亿元。在科研端，公司与江南大学共建实验室，攻克青稞β-葡聚糖提取技术，并研发青稞功能性食品，如针对糖尿病患者的低升糖指数产品。同时，与上海杜阿姨食品合作推出14种青稞早餐产品，包括刀切馒头、花卷等，成功入选上海早餐工程，覆盖华东地区70个销售点。在产业链下游，公司通过数字化营销拓展市场，入驻沃尔玛、全国60余家央企采购平台及供销社系统，并借助青岛邮政的15个高原特色体验馆，打造线上线下融合的消费场景。

（三）销售情况

德琴阳光庄园通过多元化渠道布局，实现青稞产品全国化与品牌化。与北大荒、中粮成立合资公司后，其青稞米面产品已进入东北、华北等8大片区，年销售额突破3亿元。在华东市场，与芭比馒头合作的即食青稞面点日均销量超

10万份，成为都市白领健康早餐的热门选择。德琴阳光庄园深度参与消费帮扶工程，例如，在上海市对口帮扶展销会上，德琴的黑青稞芝麻丸、青稞饼干等产品单日销售额破百万元。通过"申情购、沪爱帮"专项行动，公司产品进入上海机关单位福利采购清单，年订单量增长200%。此外，公司联合中国扶贫志愿服务促进会发起"认购一亩青稞"计划，消费者可通过线上平台认购青稞田，既获得产品回报，又直接助力藏区农户增收，形成"消费+公益"新模式。

作为西藏自治区农牧业产业化重点龙头企业，德琴阳光庄园的社会贡献远超经济效益。公司提供就业岗位800余个，其中藏族员工占比超70%，并通过技能培训帮助200余名农牧民转型为产业工人。从"救命粮"到"致富粮"，德琴阳光庄园以科技赋能传统农业，让青稞从高原走向全国餐桌。通过全产业链布局与创新合作模式，公司不仅实现了自身跨越式发展，更成为西藏乡村振兴的典范。

四、西藏桑旦岗青稞酒业有限责任公司

（一）企业简介

西藏桑旦岗青稞酒业有限公司成立于2020年，坐落于日喀则市江孜县江工路江孜青稞基地，主要经营传统青稞酒类、青稞啤酒及开展青稞食品的研发生产、销售活动，现有员工69名。公司现已建成2条国内最先进的年产1万吨传统青稞酒生产线，1条年产5万吨青稞啤酒生产线。2021年1月份开始正式运营，公司先后取得了3项发明专利、6项实用新型专利、5项软件著作权，入选了西藏自治区2022年第三批科技中小企业名单，2023年荣膺"国家高新技术企业""国家规模以上企业"双认证，2024年又获得"西藏专精特新中小企业"认定。公司坚持市场导向，不断开拓创新，研发出多款青稞酒、青稞饮料及青稞啤酒，通过不断健全完善销售体系，产品销售范围已覆盖西藏全域。

（二）经营状况

2023年完成产值2193万元，2024年完成2835万元，同比增长29.2%；2025年1—4月已完成1322万元，同比增长5.1%，全年预计完成3000万元，同

比增长5.8%。

（三）社会效益

企业的落地，标志着江孜县青稞产业从"糊口粮"向"经济粮"的巨大转折，进一步丰富了青稞产业链，使群众紧密连接在产业链上，依靠产业链发展实现增收致富，为江孜县农业现代化、产业化和乡村振兴作出了突出贡献。

一是带动当地63人实现稳定就业，其中，脱贫户32人，大学生就业15人，人均月工资达到5500元以上，经过4年的培养，15名大学生均已进入管理层或关键技术岗位；二是带动脱贫户产业分红481户，累计分红407.56万元；三是坚持青稞原料本地化，所用青稞100%使用江孜青稞，实施订单式原粮收购4391吨，带动1000余户青稞种植户溢价增收351.2万元；四是将酒糟低价销售给当地群众，累计出售酒糟5300吨，既减轻了群众负担，又推动了当地畜牧业健康发展。

第二节　青海省重点企业

一、青海互助天佑德青稞酒股份有限公司

（一）企业简介

青海天佑德科技投资管理集团有限公司，成立于2000年3月，注册资金6400万元，属股份制私营企业。现有全资及控股子公司7个，公司主导产品："互助"牌、"天佑德"青稞酒，"新丁香"面粉。

公司连续16年被评为"青海省50强"企业，并于2013年荣获"青海省科技型企业"荣誉称号；2014年被认定为"青海省省级企业技术中心"，并连续多次被评估为"优秀"；2016年被认定为"西宁市科技型企业"和"市级谷物食品研发中心"；2017年公司企业技术中心被省科技厅认定为"青海省青稞资源综合利用工程技术研究中心"，连续3次被评估为"优秀"，并位列全省第一；2021年公司企业技术中心被国家粮食和物资储备局认定为"国家粮食产业（青稞深

加工）技术创新分中心"；2022年被认定为"青海省中小企业公共服务示范平台"及"西宁市知识产权（专利）示范企业"，同年获得知识产权管理体系认证，并被认定为青海省知识产权优势企业；2023年，公司被认定为"青海省新型研发机构"，同年6月青稞茶产品获得2022中国（重庆）农产品加工业创新设计大赛铜奖，9月公司荣获青海省科学技术进步奖二等奖，11月被国家知识产权局认定为国家级知识产权优势企业，12月被设立为市级质量基础设施"一站式"服务站并获得中国轻工业联合会科技进步奖二等奖；2024年10月，获得中国生产力促进中心协会2023年度"中国好技术"称号，同年12月获得"第十二届中国技术市场协会金桥奖一等奖"。

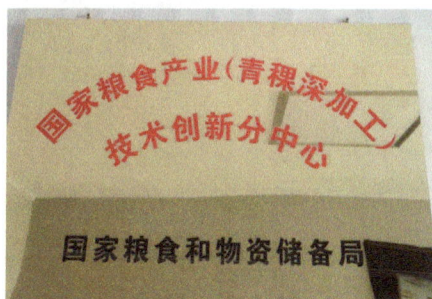

西宁市科技型企业
西宁市科技局
二〇一六年

西宁市企业研发中心
西宁市科学技术局
二〇一六年

国家科学技术奖励工作办公室登记设立
中国技术市场协会
金桥奖
项目一等奖：青稞综合品质提升关键技术研究及应用
中国技术市场协会
二〇二四年十一月

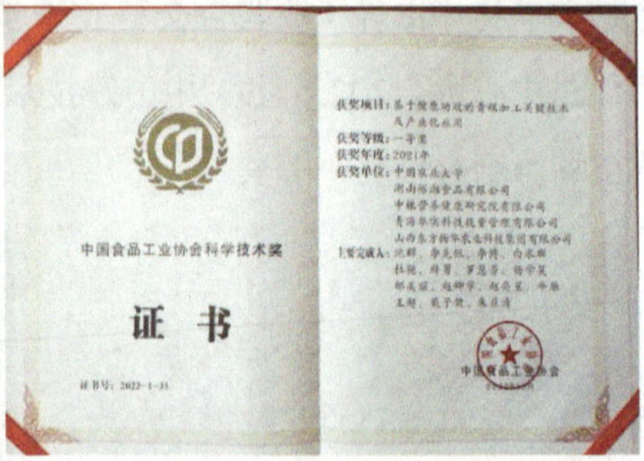
中国食品工业协会科学技术奖
证书

FFC 2023功能性食品大会
科技创新奖

FFC2024国际功能性食品大会
International Congress on Functional Foods
科技创新奖
Innovation award
获奖单位：青海华实青稞生物科技开发有限公司、江南大学

CNLIC
中国轻工业联合会科学技术进步奖
证书
证书号：2023-J-2-23

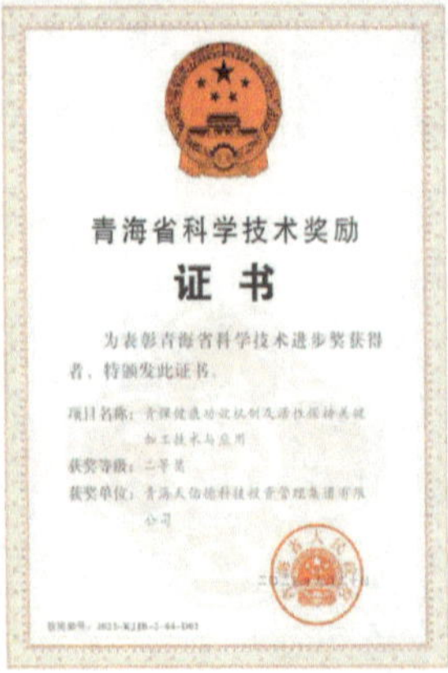
青海省科学技术奖励
证书
为表彰青海省科学技术进步奖获得者，特颁发此证书。

FFC2025功能性食品大会
技术创新奖
获奖单位：青海天佑德科技投资管理集团有限公司
青海华实青稞生物科技开发有限公司
江南大学

（二）创新突破

目前，企业技术研发中心拥有一系列先进的工艺研究设备设施及分析检测仪器共200多台（套），包括超微粉碎机、微波流化设备、青稞发芽设备、真空和面机、高压灭菌釜、冷冻干燥机、喷雾干燥机、液压压片机、热风旋转炉、旋转蒸发器、超声波提取机、挤压膨化机、曲奇成型机、色选机等，能充分满足技术中心研发任务的顺利实施；检测分析中心拥有气相色谱—质谱联用仪、液相色谱—质谱联用仪、原子吸收仪、高效液相色谱仪、黄曲霉毒素分析系统、紫外分光光度计、高速冷冻离心机、面筋强度测定仪、水分测定仪、凯氏定氮仪、脂肪测定仪等，能基本满足对研发原料及产品营养成分、农药残留、微生物等指标检测分析的需求。仪器设备总价值达到2000万元以上。

近年来，随着创新活动技术中心建设的不断推进，科技成果产业化转化的不断深入，公司在产学研结合的基础上，利用技术中心平台，实现了对青稞麦片、青稞挂面、青稞麦茶及袋泡茶、青稞面馆及方便休闲青稞小食品等青稞系列食品的产业化。目前，公司建有7条生产线，包括青稞米、青稞挂面、青稞麦片、青稞茶、青稞糌粑、青稞曲奇及青稞粉生产线。

2022年2月，改良青稞茶生产线1条，获得有机产品认证。

袋泡茶生产线

2022年扩建青稞挂面生产线1条。

青稞袋泡茶生产线扩建

2022年扩建青稞挂面生产线1条。

浸泡　　翻料　　发芽　　干燥

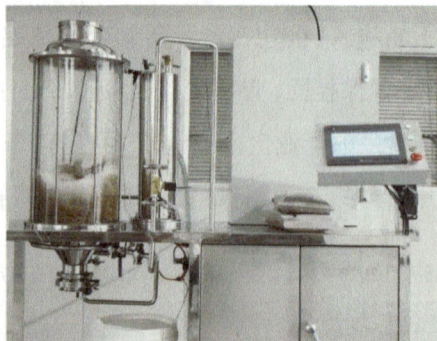

智能化发芽机

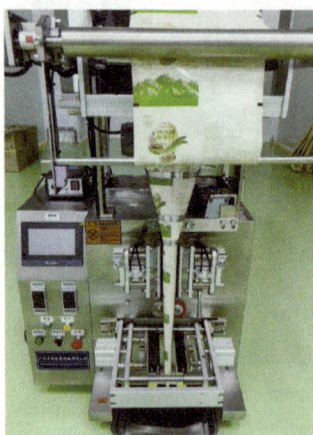

青稞麦片包装机

（三）产品优势

1.51% 青稞挂面

青稞挂面为全谷物及低 GI产品，可适用于糖尿病等"三高"人群，青稞挂面产品采用微波流化与生物酶技术相结合的新工艺，有效解决了传统杂粮挂面中杂粮添加量低、口感粗糙等问题。青稞粉经微波流化及超微粉碎后物化性质发生巨大改变，淀粉发生糊化、裂解，分子量减小，蛋白质发生变性、重组，原分子之间的亚基键几乎消失，蛋白质通过二硫键、疏水作用或者其他共价键的形式发生聚集，产生类似于面筋蛋白的作用，使其满足制作挂面所需的加工性能。

同时，针对不同市场群体研究开发不同青稞添加量的青稞挂面。公司委托北京营养源研究所开展"新丁香"51%青稞专用粉血糖生成指数（GI）研究，出具《健康人群对青稞粉挂面生糖反应能力研究报告》一份。结果表明，本公司研发的青稞粉挂面（青稞粉含量为51%）GI值为53.63 ± 9.75，属于低GI食品，可以更好地控制血糖的平衡，非常适合高血糖人群长期食用。2023年6月6日，新丁香青稞挂面（51%）获得低GI食品和全谷物食品认证证书。

2. 改性青稞粉

通过考察青稞籽粒不同灭酶技术（炒制、常压蒸汽灭酶、过热蒸汽灭酶）、抗氧化剂（BHA、BHT、茶多酚）、包装材料（牛皮纸袋、PA/PE自立袋、无纺布袋、无纺布袋+PE袋）、气调包装（CO_2、N_2）对黄青稞（昆仑14号、昆仑15号）脂肪酶、过氧化物酶、脂肪酸值、丙二醛、感官等品质的影响，筛选出较优且适宜的稳定技术，即青稞籽粒先经微波流化进行钝酶处理后，再经超微粉碎制粉，然后在青稞粉中添加0.15克/千克 BHA制成抗氧化青稞粉，并采用

"无纺布+PE袋"结合80%充氮包装。在该条件下，抗氧化青稞粉保质期达到490天。

以抗氧化青稞粉为原料，首先通过蛋白与蛋白相互作用的方式，筛选了营养价值高、成本低的豌豆分离蛋白作为青稞馒头粉、面条专用粉等外源蛋白，并结合谷氨酰胺转氨酶、木聚糖酶等酶改性技术，开发出青稞馒头专用粉、青稞饺子专用粉。在25℃条件下，保质期可达到12个月以上。

2020年公司委托江南大学国家功能性食品工程技术研究中心开展青稞粉辅助降血糖、降血脂、辅助降血压的研究，出具检测报告2份。结果表明，本公司研发的青稞粉对自发性2型糖尿病小鼠和高血压模型大鼠的体重、空腹血糖，均无不良影响，且具有辅助降血糖、降血脂、辅助降血压的效果。

（四）市场佳绩

1.青稞挂面

青稞挂面产品以海拔3000米以上的高原青稞为原料，采用特殊的微波流化和热风干燥工艺加工制作而成，产品口感爽滑，香味十足。2019年获得第二届ICC亚太区国际粮食科技大会—科技创新奖1项。2020年6月产品荣获"2020年第二届西宁农村创业创新大赛金奖"，2020年8月"第四届青海省农村创新创业大赛二等奖"。2021年9月，青稞面馆及其成果转化获得"2021创客中国——铜奖"。产品以方便、美味、快捷、潮流等特点，迅速吸引一大批年轻消费者。2022年8月青稞挂面获得FFC中国功能性食品大会科技创新奖。产品已完成成果转化,建立年产3000吨生产线1条并取得生产许可证,以青海老字号"丁香"品牌进行销售。

目前,青稞产品累计新增产值5000万元以上,产品在推广过程中获得了越来越多的消费者认可。2019年11月,青稞挂面获得第二届ICC亚太区国际粮食科技大会科技创新奖;2020年6月,青稞面馆荣获"2020年第二届西宁农村创业创新大赛金奖";2021年10月,丁香青稞产品获得"有机产品认证";2022年、2023年,青稞产品均获得"FFC中国功能性食品大会科技创新奖";2023年6月,青稞茶产品获得"2022重庆农产品加工业创新设计大赛铜奖"。

2. 改性青稞粉

以高原青稞为原料,采用前期控制青稞籽粒水分含量,中期微波灭酶技术制作而成,并且添加BHA抗氧化剂,采用"无纺布+PE袋"充氮包装相结合的抗氧化方法有效延长青稞复配粉产品货架期,产品谷香味突出,用途广泛。2022年12月获得"中国食品工业协会科学技术一等奖";2023年3月获得"FFC2023功能性食品大会科技创新奖";2023年9月获得"青海省科学技术进步奖二等奖";2024年2月获得"中国轻工业联合会科学技术进步二等奖",同年3月获得"FFC2024功能性食品大会科技创新奖",11月获得"中国技术市场协会金桥奖项目一等奖";2025年4月获得"FFC2025功能性食品大会科技创新奖"。

产品已完成成果转化,建立年产1000吨青稞粉生产线1条并取得生产许可证,以青海老字号"丁香"品牌进行销售。

(五)产业带动

公司努力推动青稞产业转型升级及高质量发展,培育职业技术骨干,产生极大的社会意义,如解决全省1300吨的青稞原料市场需求,带动青稞种植基地就业人员280人,人均年增收1.8万元以上;通过生产线的投产,可提供10个技术岗位,人均年增收4.8万元以上。同时青稞秸秆的饲料化利用,为种植户带来约300万元的收益。

二、青海可可西里生物工程股份有限公司

（一）企业简介

青海可可西里生物工程股份有限公司成立于2017年6月，系西宁市大通县人民政府"十三五"重点招商引资项目，位于大通县朔北乡东峡路699号，注册资金10547.50万元，法人邵勇。公司主营青稞原粮收购、加工销售，公司主要产品有大通老窖、"可可西里"牌青稞酒、青稞糌粑饼、青稞麻花、奶条、奶贝、青稞奶茶、青稞面粉、青稞米等10大类青稞系列产品。

公司于2017年开始建设，投资1.37亿元建设（列入《可可西里工业文化旅游产业项目》）。项目总建筑面积3万平方米，建有青稞产品生产车间3500平方米，青稞酒加工车间2500平方米，有办公楼2200平方米、锅炉房500平方米、特色酒店12000平方米、宴会厅1600平方米及员工宿舍、污水处理厂等。

公司于2024年4月23日被西宁市农业农村局、西宁市发展和改革委员会等六部门认定为"西宁市农牧业产业化龙头企业"。2019年被评为"2019中国青稞好食品企业"，2021年12月被青海省科技技术厅认定为"青海省科技型企业"，2022年4月被青海省工业和信息化厅评为省级"专精特新中小企业"，

2023年9月被大通县乡村振兴局评为"帮扶车间"。

（二）创新突破

公司与青海省农林科学院、西南科技大学、青海省轻工业研究所等科研院所开展产学研合作，利用各自优势攻关青稞产品生产关键技术并取得关键技术一项，目前公司产品采用现代配粉技术、交联酶改良等面团物性改善技术，攻克青稞没有面筋不能形成面团的难点，开发青稞系列产品，提高青稞粉的添加比例。项目以100%青稞粉为原料，开发青稞饼干等系列产品。

（三）产品优势

公司立足青海的青稞资源禀赋，原料收购覆盖青海青稞主产区。青海的青稞种植区具有绿色无公害的天然优势，生长环境早晚温差大、日照时间长，且无污染。该公司与青海大学农科院合作研发核心技术，拥有企业自主知识产权和品牌，其产品能有效保留青稞中β-葡聚糖、膳食纤维、支链淀粉等营养成分，并充分发挥其促进健康的功能。

（四）市场佳绩

公司2023年共收购青稞原粮1万余吨，加工各类青稞产品1500余吨，实现销售收入2365.56万元，实现净利润56.42万元。2024年公司实现产值4377.45万元，实现销售收入2365.39万元，实现利润266.49万元。公司产品青稞糌粑饼2019年荣获农业农村部举办的第18届中国国际农产品交易会"最受欢迎农产品"奖。

（五）产业带动情况

1. 吸纳合作社内贫困户就业，帮助脱贫

公司于2018年3月与大通县朔北乡郑家沟村、麻家庄村签订《百企帮百村、百企联百户》精准扶贫协议，招收两村36名贫困户，经过公司2个月岗位技能培训后于2018年4月正式上岗，从事车间操作工、仓库管理员等工作，每月发放工资3000元以上，实现建档立卡村一户一就业，全家实现真脱贫。

2. 依托公司产业园，高质量促进青海青稞产业发展

青海可可西里生物工程股份有限公司系青海青稞产业联盟理事长单位，在青海青稞产业上，公司大力提升青稞综合价值，建设青海高原特色青稞产业生产经营体系，推进高原特色优质青稞农产品走向国内国际市场，持续引领联盟的市场主体，促进青稞产业高质量发展，助力青海青稞产业兴旺，企业兴乡发展。

3. 依托大通县旅游资源，促进一二三产业融合发展

公司可可西里青稞工业文化旅游产业园项目系企业兴乡提升改造工程，建设集一产青稞种植收购、二产工业青稞产品精深加工、三产"吃住玩游乐购"，包括酒店住宿、会议、青稞文化展示、水幕电影等服务业为一体的三产相互融合、相互促进的产业园。着力打造该产业园为3A工业旅游文化景点，与相邻在建的青海民俗文化博物馆、大通4A老爷山景区相互衬托，与大通县鹞子沟景区相互连通，构建成大通县的"经典旅游产品"和"精品旅游线路图"，为"高原

旅游名省""国际生态旅游目的地"发展助力。

4. 依托精准帮扶协议，持续帮助大通县朔北藏族乡 14 个村农民增加收入

公司与大通县朔北乡郑家沟村、麻家庄村、八寺崖村、花科庄村、药匠台村、旧拉浪村、白崖村、永丰村、拉浪台村、代同庄村、阿家堡村、菜子口村、李家堡村、下吉哇村等14个村签署了乡村产业帮扶协议。公司以青稞产业和文化旅游为联结点，持续帮助大通县朔北藏族乡14个村农民增加收入。

5. 以保护价收购青稞，增加低收入农牧民的收入

公司与青海青稞主产区的建档立卡户签订《青稞订单收购合同》，以3~3.24元/千克的价格收购青稞，共计带动全省青稞种植户1200户。截至2023年11月，共收购青稞1万余吨，合计给农户支付粮款3000万余元，以高于市场价0.40元/千克让利于贫困农户，给农户青稞扶贫增收400余万元，户均增收3200元。

6. 实施乡村振兴项目，带动朔北乡 7 村增加收益

公司2022年实施了朔北乡乡村振兴项目，投资900万元购置青稞休眠仓、青稞米自动生产线、青稞能量棒生产线、青稞面条生产线等，项目每年为朔北乡小龙院、马场、东至沟、麻家庄、郑家沟、代同庄、永丰7个村分红36万元，项目覆盖农户2052户、8405人。

三、青海青藏部落农牧开发有限公司

（一）企业简介

青海青藏部落农牧开发有限公司成立于2019年9月，被海南州评为招商引资"先进企业""青海省科技型企业"，被消费者协会评为"消费者满意单位"，2022—2024年间连续两年被认定为"有机青稞产品""创新型中小企业"，并获"ISO9001质量管理体系"认证。获得奖项：2021年在第六届中国创新挑战赛（青海）中，被授予"积极参与奖"；2022年疫情期间向红十字会捐赠生活物资获颁"荣誉证书"；2023年青稞麦片在青海省旅游商品文化创意大赛中获得"银奖"，同年青稞面粉获得中国安徽名优农产品暨农业产业化交易会"金

奖"；2024年青稞产品获得第二十一届中国国际农产品交易会"最受欢迎产品奖"，同年在庆祝中国农民丰收节暨青海（河湟）第八届农产品展交会上，青稞产品获得"金奖"。公司在贵德县文化旅游产业创业园区占地3亩投资1000万元建成青稞精深加工厂、在共和县占地33亩投资3500万元建成青海青稞精深加工产业园，产品有青稞米、青稞面、青稞预拌粉、青稞挂面、青稞炒面、青稞饼干、青稞麦片、青稞代餐粉、青稞米花、青稞沙琪玛等，日产量100吨。企业年产值2000万元，实现年销售收入1980万元，净利润389.82万元，年度上缴税收120万元。公司采取以"脱贫户（种植）+合作社（订单）+扶贫车间深加工+线上线下销售网络"为主线的一二三产业融合发展模式。

1. 创新突破

公司以青稞深加工为核心，生产青稞面粉、炒面、米、酥性饼干、代餐粉、沙琪玛等产品，其中"99%青稞含量"专利技术应用于部分产品。截至2024年，公司建成10条精深加工生产线，日产量近100吨。

原来青稞面粉是60目到80目的标粉，先后通过江南大学、西北农林大学、中国农科院等院校共同研发提高到现在的120目，关键技术如青稞在一定程度的熟化制粉，大大提升了青稞的吸水、口感改良等工艺，由原来的粗放变成现在的细腻。通过三年的研发，所生产的100%的青稞预拌粉在成都、杭州深受欢迎。

2. 99% 青稞挂面产品创新

传统挂面多以小麦粉为主，而99%青稞挂面突破常规，采用青藏高原优质青稞作为核心原料，含量高达99%，真正实现全谷物营养。青稞富含β-葡聚糖、膳食纤维及多种微量元素，具有低升糖（GI<55）、高蛋白的特点，适合控糖、减脂及追求健康饮食的人群。通过低温研磨和专利延压技术，既保留了青稞的营养成分，又解决了传统青稞面易断、口感粗糙的难题，使面条筋道爽滑、久煮不糊。产品无添加白砂糖、人工胶体及防腐剂，并创新性加入青稞芽粉，进一步提升氨基酸含量，满足现代消费者对纯净配方的需求。包装融合藏式文化元素，并支持扫码溯源，让消费者吃得放心。这款挂面不仅重新定义了健康

主食标准,更为餐桌带来高原纯净风味,是家庭轻食、健身代餐的理想选择。

3. 产品优势

企业产品精选的青稞原料,膳食纤维含量高达15%~20%,远超普通谷物,这一特性不仅能有力促进肠道蠕动,维护消化系统健康,更能辅助稳定血糖与胆固醇水平。尤为值得称道的是,其富含的β-葡聚糖,作为一种优质可溶性膳食纤维,在调节人体免疫力、显著降低低密度脂蛋白胆固醇、延缓餐后血糖上升方面发挥着关键作用,从而赋予产品强大的健康功能性。在蛋白质方面,青稞提供了约8%~15%的均衡蛋白质,更包含了人体必需的全部8种氨基酸,特别是普通谷物中普遍缺乏的赖氨酸,为身体健康提供了优质基石。此外,产品坚持低脂肪、低糖的健康原则,使其成为"三高"人群及体重管理者的理想膳食选择。丰富的钙、铁、锌、硒等矿物质以及B族维生素(B_1、B_2等)的协同作用,赋予了产品强大的抗氧化能力,有助于抵抗自由基,延缓衰老。这一切营养的基石,源自青藏高原纯净的生长环境——稀薄洁净的空气、无污染的水源以及极少农药化肥的使用,加之坚守传统非转基因种植方式,确保了每一份产品的天然纯粹与安全无虞,完美契合了现代消费者对天然健康食品的追求。

基于上述核心品质,企业的产品在市场应用与价值创造层面展现出多重优势。青稞原料的加工多样性,使得我们能够开发出包括主食(如面粉、面条、馒头、饼干）、饮品（如低酒精且富含益生菌的青稞酒、青稞茶）、方便食品（如即食青稞片、代餐粉）乃至特色产品（如青稞醋、青稞麦片）在内的丰富产品矩阵，全面满足不同消费场景与个性化需求。特别值得一提的是，青稞天然不含小麦麸质（尽管需关注加工过程中的交叉污染风险），使其成为麸质过敏或乳糜泻患者的理想膳食补充，同时也凭借其"高原特色"的标签，精准捕捉了现代消费者对地域特色与纯净天然食品的向往。在更广阔的维度上，青稞产业的发展积极响应了助农扶贫的国家战略，作为藏区主要经济作物，其产业链的延伸有力带动了当地经济发展。同时，青稞耐寒抗旱的生物特性，使其成为高原恶劣环境下可持续种植的优良作物，具有显著的生态价值。因此，在当前健康食品消费潮流下，公司的产品凭借其低GI、高纤维、多重功能性的特点，不仅高度契合市场需求，更以其源自"高原珍宝"的稀缺性与独特故事性，在竞争激烈的谷物市场中构建了坚实的差异化竞争壁垒，展现出强劲的市场潜力与广阔的发展前景。

4. 市场佳绩

公司在线上中国脱贫地区农副产品网络销售平台（简称"832平台"、淘宝、京东、天猫、拼多多等平台全网运营并且全网做到第一、二名。在快手、抖音已设立青藏部落专卖店、青藏部落食品店、青藏部落旗舰店等5个专卖店，与东方甄选、裙子姐姐、"青海旦正"青海兽总、青海大嘴等50多名知名主播合作带货达到600多万元。

青海青稞产品已出口加拿大、伊朗、等国家和地区，2024年出口额达90万元人民币，今年一季度已达到120万元人民币，增长率达到120%。公司目前正在和韩国等亚洲"一带一路"共建国家积极对接，已与国内大咖国际、蜜雪冰城、国药集团、丁香、沈阳十月稻田、中粮、西藏奇正制药、内蒙古天恒食品等多家上市公司签约并供货。

5. 产业带动

青稞产业带动海南州全州脱贫户3600户，合作社30多家，农牧种植公司15家以上，并签订青稞种植收购3万亩协议，为脱贫种植户提供青稞良种，以高于市场价0.4元~0.6元/千克的保护价收购青稞，解决脱贫户卖粮难问题，并拟从脱贫户中招收200多名富余劳动力，通过培训进行生产工作，人均可年增收6万元。同时，促进农业产业结构的调整，每年可向市场提供5万吨青稞精深加工产品，进一步丰富市场青稞产品品种。

青稞产品生产扩大了青稞用途，使青稞订单种植生产、产品订购，产品加工、产品销售成为产业化链条，间接增加青稞关联产品运输、包装等行业的就业和农民收入。同时，增加了地方GDP，壮大了地方经济实力，为国家贫困工作县早日摆脱贫困面貌作出了贡献。增加就业机会，为城镇下岗职工和农民提供工作岗位。此外青稞主产区脑山地区种植结构调整，实现粮油轮作，提高农田生态系统功能，为减少病虫害创造了条件。

第三节　甘肃省重点企业

一、甘南藏族自治州扎尕那青稞酒业有限公司

（一）企业简介

甘南藏族自治州扎尕那青稞酒业有限公司成立于2015年6月30日，注册资本1000万元，是甘南州重点扶持的清香型白酒生产企业，专注于传承藏家传统酿造工艺与现代标准化生产的融合。公司位于迭部县电尕镇吉爱那村（原良种场院内），毗邻S313省道，距县城15公里，占地面积达60余亩，涵盖储藏及粉碎车间、制曲车间、酿造车间、灌装车间、包材及成品库等全流程生产设施。依托白龙江流域深厚的藏文化底蕴，公司以"守护非遗工艺、赋能乡村振兴"为使命，将藏地青稞酒酿造技艺列入甘南州非物质文化遗产保护名录，并成功注册"扎尕那情满甘南""扎尕那迭部1935"等系列商标。通过发展青稞酒产业，有效利用当地丰富的青稞资源，为当地经济注入活力，让这片土地上的居民共享产业发展的红利。最终目标，是将"扎尕那"打造成一个不仅代表着优质青稞酒，更是象征着甘南地域文化、生态价值和民族匠心精神的知名品牌。

（二）经营模式

扎尕那酒业通过构建"企业+合作社+农牧户"的三级联动模式，深度整合并打造青稞种植、收购、酿造、销售全链条。

1. 上游种植端

扎尕那酒业与迭部县6个乡镇的32家合作社及种植大户签订订单协议，推广"藏青2000""甘南紫穗"等优质品种，推行有机种植标准，溢价15%收购青稞，带动1800余户农牧民年均增收4000元。联合甘南州农科所开展"青稞—油菜轮作"技术示范，减少化肥使用量25%，修复退化耕地3000亩，获评"甘南州生态农业示范基地"。

2. 中游生产端

创新"非遗工艺+智能酿造"体系：保留传统石窖固态发酵工艺，同时引入自动化蒸煮设备与恒温控湿发酵系统，基酒出酒率提升至42%，杂醇油含量低于0.12克/升（国标≤0.4克/升），达到国家优级白酒标准。开发差异化产品矩阵：包括"扎尕那情满甘南"（42%vol，主打文旅礼品市场）、"扎尕那迭部1935"（52%vol，定位高端收藏）及"扎尕那决窖地"（38%vol，低度健康系列），满足多元化消费需求。

3. 下游服务端

在扎尕那景区内建设"青稞酒文化体验馆"，通过"观光+品鉴+DIY酿酒"模式，年均接待游客8万人次，衍生消费占比达35%。与甘南州文旅集团合作开发"醉美藏乡"旅游线路，将青稞酒品鉴纳入行程，2023年带动景区关联销售增长120%。注重品牌建设和市场推广，通过参加展会、博览会、利用媒体和互联网平台等多种方式，加大产品宣传力度，提高品牌知名度和影响力。

（三）销售情况

扎尕那酒业实施"文旅+电商+团购"三维渠道战略。

1. 文旅渠道

在甘南州8个4A级以上景区设立直营店，旺季（5—10月）销量占比超60%，其中"扎尕那情满甘南"500毫升装年销量突破10万瓶；与兰州、成都等地旅行社合作推出"青稞酒之旅"主题产品，2023年团购订单增长150%。

2. 电商覆盖

入驻天猫、京东及拼多多平台，主打"健康低醉"概念，推出"青稞酒+藏香猪腊肉"组合礼盒，复购率达28%，覆盖全国31个省份；通过快手小店开展"非遗大师直播带货"，单场销售额最高达50万元。

3. 政策红利

入选"甘南州消费帮扶产品目录"，对接全国60余家机关单位工会采购，2023年团购销售额占比提升至25%；参与"832扶贫平台"产销对接会，与中石油昆仑好客等企业达成年度供应协议，2024年订单量可增长200%。

作为甘南州产业扶贫典范，提供固定岗位120个（藏族员工占比70%），季节性用工吸纳周边脱贫户300余人，人均年增收2.6万元。扎尕那青稞酒业以"一粒青稞"撬动乡村振兴。

二、甘南云端羚城食品科技有限公司

（一）企业简介

甘南云端羚城食品科技有限公司成立于2020年5月，注册资本1600万元，坐落于甘肃省甘南藏族自治州合作市生态产业园区内。该园区是甘南州"十四五"规划重点建设的绿色食品加工集群基地，毗邻当周草原、米拉日巴佛阁等国家4A级景区。依托得天独厚的高原生态资源与文旅区位优势，公司聚焦谷物、茶饮、高原菌菇三大系列产品开发，以高原有机藜麦、青稞、燕麦为核心原料，打造"羚城云端"区域公共品牌。公司成立之初即确立"生态优先、科技赋能、文旅融合"的发展战略，投资建设了占地8000平方米的现代化生产车间，配备瑞士布勒集团全自动谷物分选系统、德国温泽微波干燥设备及日本岛津液相色谱仪等先进设施，年加工能力达1.2万吨，产品通过ISO22000食品安全管理体系认证及中国绿色食品标志许可。凭借"加工厂+景区"的独特布局，公司在当周草原景区、拉卜楞寺游客服务中心等地设立品牌形象馆，通过"观光+品鉴+直播"模式，2023年累计接待游客15万人次，直接带动产品复购率提升至32%。自成立以来，荣获了多项荣誉与认证，包括：2021年获"合作市第二届羚城创翼创新大赛一等奖"，其"高原藜麦代餐粉低温酶解技术"被评审专家誉为"破解青稞加工痛点的突破性方案"；2022年入选"甘南州百千万创业引领工程第一届主体赛二等奖"，并成为"甘肃民族师范学院就业创业基地"，与高校联合培养食品工程专业人才23名；成为全国青稞产业技术创新联盟理事单位，充分展示了其创新实力和社会认可度。

（二）经营模式

公司构建"收购+研发+加工+销售+文旅"全链条闭环，创新实践"加工厂+平台+合作社+农户"的"4+"可持续合作模式，形成多方共赢的产业生态。

1. 上游原料保障体系

种植基地建设：在合作市那吾镇、佐盖曼玛镇等地建立1500亩青稞标准化种植基地，主推甘青4号、甘青10号等高β-葡聚糖品种，联合甘肃省农科院实施"测土配方施肥+生物防虫"技术，使青稞蛋白质含量稳定在12.5%以上，高于普通品种18%。

订单农业模式：与8个乡镇的46家合作社签订"保底价+浮动溢价"协议，以高于市场价0.6~1.0元/千克的价格收购青稞，带动170余户农牧民年均增收1.2万元，其中脱贫户占比达35%。

种子工程：向农户免费提供甘青10号原种，并配套农技培训，2024年基地良种覆盖率达90%，亩产提升至280千克，较传统种植增产25%。

2. 中游生产研发体系

产品矩阵创新：推出"羚城三宝"（即食青稞脆片、藜麦能量棒、燕麦膳食纤维粉），采用低温烘焙与微囊包埋技术，保留80%以上营养成分；开发"雪域红曲青稞茶""藏地菌菇草本茶"，结合FD冻干工艺，实现冲泡3秒即溶，2023年茶饮类销售额占比提升40%；联合江南大学研发"青稞益生元固体饮料"，针对三高人群设计低GI（升糖指数≤45）配方，获中国营养学会"健康选择"认证。

技术突破：攻克青稞麸皮脱涩难题，利用复合酶解技术将植酸含量降低至0.8%，使钙铁锌吸收率提升50%；首创"青稞—藜麦双菌发酵工艺"，通过乳酸菌与酵母菌协同作用，生成γ-氨基丁酸（GABA）等活性成分，相关技术获2项实用新型专利。

3. 下游渠道与品牌建设

文旅融合场景：在扎尕那、郎木寺等景区开设"云端体验店"，设计"藏地茶歇盲盒"（含青稞茶、牦牛肉干、酥油茶粉），单店日均销售额突破5000元；推出"牧场到餐桌"研学项目，游客可参与青稞收割、传统糌粑制作等环节，2024年接待研学团队120批次，衍生消费收入达78万元。

电商矩阵布局：入驻天猫、京东旗舰店，主打"高原轻食"概念，通过抖音"牧场直击"直播吸引粉丝12万，爆款产品"青稞脆脆球"累计销量超50万袋；与盒马鲜生、美团优选合作开发"一周早餐计划"定制礼盒，复购率高达45%，覆盖北上广深等30个城市。

B端市场拓展：2023年滨羚双城推介会上，与天津食品集团、黑龙江北大荒商贸集团签订500万元订购协议，为其提供OEM代工服务；入选"832扶贫平台"重点供应商，承接国家机关、央企工会福利采购订单，年销售额占比达28%。

（三）销售情况

产品已销往北京、天津、广东、湖北、海南、黑龙江等多个省市，市场覆盖广泛。公司共种植青稞2000亩，总产量超过40吨，创造销售额高达478万元。此外，在2023年的滨羚双城推介会上，甘南云端羚城与滨城企业签订了价值500万元的订购意向合同，进一步拓展了公司的市场空间。2023年，公司带动农户170余家，解决了50余人的劳务就业，其中8人为大学生，为当地经济发展作出了积极贡献。从雪域高原的生态馈赠到现代健康食品的科技转化，甘南云端羚城食品科技有限公司以青稞为支点，撬动了一条集种植、加工、文旅于一体的全产业链发展之路。在"健康中国"与"乡村振兴"的双重战略机遇下，这家企业正以创新之力，让藏地珍馐走出高原，迈向更广阔的世界舞台。

第四节　四川省重点企业

一、阿坝县高原黑青稞天然生物开发有限公司

（一）公司简介

阿坝县高原黑青稞天然生物开发有限公司成立于2016年6月，是一家专业从事黑青稞产品的研发、加工和销售的民营企业。公司注册资金2800万元，坐落于阿坝县南岸新区工业园区，占地19209平方米。已完工建筑面积达3822.02平方米，分为：办公区、生活区、生产区、娱乐休闲区以及黑青稞仓库。

公司从黑青稞买进卖出到粗加工，再到研发出拳头产品、打响"托岗黑青稞"品牌，逐步打开市场，公司经历了曲折且漫长的探索。公司的发展助力乡村振兴，以"政府组织、农户参与、企业牵头"的形式帮助农户增收。

四川省委、省政府颁发的农业丰收奖先进集体荣誉：

四川省委农村工作领导小组办公室颁发的农业产业化省级龙头企业荣誉:

政府考核合格后颁发的阿坝州粮食收购许可备案证:

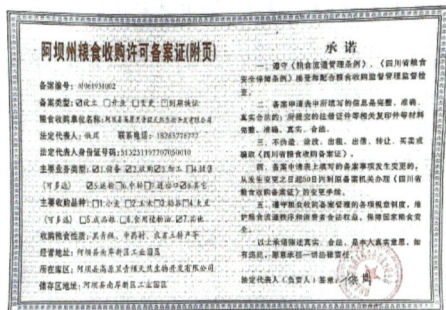

(二)工艺创新与产品研发

公司深度挖掘藏区黑青稞传统加工技艺,独家收购13个具有百年传承的黑青稞加工家族秘方,形成托岗品牌特有的工艺体系。通过古法发酵与精细研磨技术,完整保留黑青稞的天然麦香,使产品呈现出青藏高原特有的风味特征。创新性突破体现在原料配伍领域，将高原珍稀物产纳入产品矩阵。以牦牛乳制品精深加工为例，采用低温离心分离技术提取的牦牛乳脂，与黑青稞膳食纤维形成黄金配比，开发出兼具乳香醇厚与谷物清香的代餐类产品。经感官评价测试，该系列产品在盲测中展现出显著的地域风味辨识度，其天然成分协同效应产生的复合香气，较之工业化调香产品具有明显差异化优势。

市场导向的研发机制构建了科学的产品开发体系。依托覆盖全国23省的消费者口味偏好数据库，建立区域化产品适配模型：针对珠三角地区研发低糖高纤配方，开发风味强化型产品匹配云贵川渝市场，形成"基础款+区域特供款"的产品谱系。这种精准研发策略使新品上市成功率提升至行业平均水平的1.7倍。

（三）核心竞争优势解析

企业秉持"共生共赢"的产业哲学，构建从田间到餐桌的全产业链质量管控体系。在原料端，通过"保底收购+品质溢价"机制（2024年采购价4元/斤，较市场均价溢价66.7%），与藏区7个主产县签订战略种植协议，建立5.2万亩有机种植基地。生产环节严格执行"三零"标准（零化学添加、零转基因原料、零重金属污染），23项关键质控指标超过欧盟有机食品认证标准。技术创新方面，形成传统工艺与现代科技的协同创新机制。糌粑制品采用非热杀菌技术，在保留活性营养成分的同时实现12个月常温保质；酥饼类产品创新应用微囊包埋技术，使青稞多酚保留率提升至82.5%。通过工艺革新，系列产品在保持传统风味的基础上，将膳食纤维含量提升至普通谷物的3.2倍，GI值降低至49.8，形成显著的健康价值壁垒。

（四）市场拓展与品牌建设

企业实施"双轮驱动"发展战略：2016—2020年夯实基础建设阶段，完成三大核心能力构建——建成青藏高原最大黑青稞精深加工基地，组建涵盖食品工程、营养学等领域的专家研发团队，建立覆盖原料溯源、生产监控、物流追踪的数字化管理系统。2021年进入战略扩张期，通过爆款产品矩阵打开市场：黑青稞脆饼、酥饼单品年销突破1.2亿件，营养早餐系列覆盖藏区82所中小学，惠及12万师生。

渠道网络呈现立体化布局特征：线下构建"品牌体验店（32家）+景区专柜（57个）+商超专营区（213个）"的三级终端体系；线上渠道通过大数据选品策略，在天猫冲饮谷物类目进入TOP10品牌矩阵。O2O融合方面，创新"云牧场"会员体系，实现私域流量复购率达43.6%。当前全渠道年销售额突破8.7亿元，其中电商渠道贡献率达64.3%，形成具有互联网特性的新消费品牌运营模式。

（五）市场佳绩

自2016年创立至2020年底，公司经过了近四年的探索、学习与稳健发展期。在此期间，公司始终恪守"利他即利己"的核心经营哲学，坚决杜绝任何可能损害农户、员工或消费者健康与利益的商业行为。这种对长远价值与社会责任的坚守，虽然在初期意味着更为缓慢的发展节奏，却为企业赢得了深厚的市场信赖与良好的口碑根基。

凭借差异化的核心产品与日渐增长的品牌声誉，辅以精准的市场策略，公司自2021年起迎来了市场业绩的快速增长期。

团餐市场新篇章：公司研发生产的"黑青稞1+1营养早餐"系列产品，已成功签约成为四川省阿坝县、若尔盖县、红原县，以及青海省果洛州久治县、大武镇等多地学校的指定营养早餐供应商，为区域内学生的健康成长贡献力量。

线下渠道网络构建：截至目前，公司已在全国范围内设立了32家品牌旗舰店及授权专销店。同时，在旅游景区、藏区特色市场以及内地主流消费市场的线下渠道布局亦在持续深化与拓展。

线上业务蓬勃发展：公司积极拥抱数字化转型，已全面入驻淘宝、天猫、拼多多等主流电子商务平台，并有效运用微信等社交电商渠道，均实现常态化运营。当前，线上销售额与线下销售额的比例已达到1.8∶1，显示出线上业务的强劲增长势头与广阔的市场潜力。

经营业绩持续向好：公司销售总额亦实现持续攀升：2021年达1200万元，2022年增至1300余万元，2023年进一步提升至1400余万元。

（六）社会责任与产业赋能

公司在追求自身发展的同时，始终不忘初心，积极履行企业社会责任，致力于通过产业发展反哺社会，带动区域经济，其贡献与成效体现在多个层面：

1. 助农增收，共享发展成果

土地流转与订单农业：2019年，通过土地流转模式，有效带动100余户贫困家庭，实现户均增收2000元。2020年，与阿坝县各莫乡125户建档立卡贫困户签订黑青稞采购协议，收购量达50吨，按每斤3元、每户800斤的标准，实现户均增收2400元。

优质优价，保障农户收益：2019年，收购黑青稞原料30余吨，惠及100余户农户，户均增收1800元。2023年，与地方政府合作，以4元/斤的保护价向本地合作社及农户收购高品质黑青稞600余吨。2024年，延续该合作模式，计划以4元/斤的价格收购高品质黑青稞700余吨，持续稳定地增加农户收入。

2. 公益支持，回馈藏区乡梓

物资援助与灾害响应：2019年4月，联合阿坝县相关政府部门及公司旗下合作社，向阿坝县21个乡镇场的725户贫困户免费发放有机饲料290余吨（价值90余万元人民币），有效缓解了当地初春牧草短缺的困境，户均领到价值1200元以上的物资。自2022年起，每年向疫情防控一线工作人员捐赠慰问物资，并定向为两个以上经济欠发达村落捐赠生活及生产物资。

3. 促进就业，培育本土人才

吸纳本地劳动力：截至目前，公司共拥有员工38名，其中95%以上为本地农牧民富余劳动力及返乡大学生。这种本土化用人策略，不仅为当地创造了稳定的就业岗位，也为企业带来了熟悉本地文化、拥有实践经验的宝贵人力资源。

关注弱势群体就业：2021年，公司特别招聘了9名单亲家庭成员及家庭经济困难的应届毕业生，为其提供年收入4万元以上的工作岗位，帮助他们改善生活。

提升员工福祉：公司70%以上的员工拥有四年以上的工作经验，其中包括大专及以上学历人才8名（大学生5名，中专生3名），其余30位均为经验丰富的本地农牧民。员工年平均工资达6万元，有效提升了本地居民的收入水平与生活质量。

二、密奇奇食品有限公司

（一）企业概况

密奇奇食品有限公司（以下简称"密奇奇"）成立于2018年，总部位于四川省甘孜藏族自治州，是一家专注于高原特色食品研发、生产与销售的高新技术企业。依托甘孜州独特的自然资源和民族文化，密奇奇致力于将高原农牧产品转化为高品质、健康、美味的食品，打造具有地域特色的食品品牌。

公司以青稞、牦牛乳等高原特色食材为核心，构建了从原料种植、精深加工到终端销售的全产业链体系，形成了"高原健康食品+现代食品科技+民族文化IP"的商业模式。目前，密奇奇已发展成为甘孜州重点农业产业化龙头企业，并在成都、杭州设立供应链公司，业务覆盖全国市场。

（二）核心优势与生产能力

1. 现代化生产基地，保障产品品质

密奇奇在甘孜州炉霍县建有现代化食品加工厂，配备全自动化烘焙生产线，涵盖青稞压缩饼干、酥性/韧性饼干、牦牛鲜奶饼干、青稞能量棒、糌粑即食糕、青稞面包、青稞月饼等系列产品，日产能达10吨。

原料可追溯体系：企业自建青稞面粉加工厂，确保从原粮到成品的全程可控，保障食品安全与地域特色。

产学研合作：2024年，公司与浙江大学合作开展"青稞肽"项目，推动高原食品向高附加值转化。

2. 产品研发与定制能力

密奇奇具备独立研发能力，可根据市场需求开发差异化产品：大众市场产品，如青稞饼干、能量棒等，主打健康、便携属性；高端定制产品，如青稞肽功能性食品、节日礼盒等，满足高端消费需求；企业定制服务，为B端客户提供OEM/ODM服务，如军需食品、旅游伴手礼等。

（三）市场布局与销售网络

1. 线上线下全渠道覆盖

线上渠道：入驻脱贫地区农副产品网络销售平台（832平台）、政采云、军采网等政府采购平台；在淘宝、天猫、拼多多等电商平台开设自营店铺；运营自有新零售电商系统"高原上"微信小程序，会员超5万人，年复购率达40%以上。

线下渠道：在成都、杭州设立供应链公司，拥有4500平方米前置仓储物流中心；与新都区供销社合资成立竹友供销社公司，完善终端配送网络；覆盖商超、景区特产店、健康食品专柜等线下销售点。

2. 政企合作与市场拓展

政府采购：通过军采网认证，成为军需食品供应商；乡村振兴联动：与甘孜州政府合作，推动"青稞产业振兴计划"，带动当地农户增收；新渠道开发：积极拓展社区团购、直播电商等新兴渠道，提升品牌曝光度。

（四）社会责任与可持续发展

作为高原特色食品行业的标杆企业，密奇奇始终践行社会责任：

产业助农：与当地合作社签订青稞保底收购协议，2024年收购量达700吨，惠及300余户农牧民；

就业扶持：公司员工中95%为本地农牧民及大学生，年均工资6万元，高于地区平均水平；

公益行动：定期向贫困地区捐赠食品物资，并参与高原生态保护项目。

（五）未来发展规划

密奇奇将继续深化"科技+健康+文化"的发展战略，在产品创新方面加快青稞肽、益生菌青稞制品等功能性食品研发，抢占健康食品市场；产能提升方面计划扩建生产线，目标2025年日产能突破15吨；品牌升级方面打造"高原健康食品"IP，通过文旅融合提升品牌附加值；市场拓展方面进军东南亚及"一带一路"沿线市场，推动高原食品国际化。

第五节　云南省重点企业

一、香格里拉酒业股份有限公司

（一）企业简介

香格里拉酒业股份有限公司前身为2000年成立的香格里拉酒业，2005年正式注册为股份制企业，注册资本5656万元，总部位于云南迪庆香格里拉经济开发区，在云南昆明、河北秦皇岛、山东蓬莱等地布局生产基地，形成"高原青稞+优质葡萄"双原料体系。主营业务涵盖青稞威士忌、大藏秘青稞干酒、青藏高原青稞白酒系列产品的研发、生产和销售，同时致力于相关原料基地的培育建设。其主导产品包括"香格里拉""大藏秘""青藏高原"等品牌的青稞威士忌、青稞干酒和青稞白酒，这些产品在市场上享有较高的知名度和美誉度。作为迪庆州首家被授予"农业产业化国家级重点龙头企业"的企业，香格里拉酒业股份有限公司通过了质量管理体系、食品安全体系、诚信体系、"绿色食品"和"生态原产地产品保护"等多项认证，确保了产品的品质与安全。此外，公司还拥有5项酿酒方面的国内领先技术，是知识产权优势企业，并先后荣获"国家级放心酒工程·示范企业""中国红酒行业十大影响力品牌"等国家级、省级荣誉称号。

（二）经营模式

香格里拉酒业以"高原特色+科技赋能"为核心，构建了从种植到消费的全产业链生态。采用"公司+政府+农户"的管理模式，在迪庆州发展2800余户农户种植酿酒葡萄1.4万亩，青稞种植覆盖德钦、香格里拉等产区，直接带动2万余人脱贫，户均年增收3000元以上。拥有云南昆明、河北卢龙两大现代化工厂，青稞酒采用"低温发酵+橡木桶陈酿"工艺，葡萄酒依托高原昼夜温差大、光照足的优势，开发"圣域""天籁"等高端系列，其中"圣域2016年份干红"被誉为中国葡萄酒"三剑客"之一。2024年与中国科学院昆明植物研究所合作开展青稞β–葡聚糖功能化应用研究，推出低GI青稞葡萄酒。构建"线下体验+线上营销"体系，在全国布局50余家加盟体验店，推出青稞威士忌、青稞干酒等差异化产品。2024年还启动"惠民促销活动"，结合抖音直播、社区团购等新兴渠道触达消费者，有效整合了各方资源，促进了全产业链的协同发展。

（三）销售情况

主打"大藏秘青稞干酒"（8度/12度）、青稞威士忌，2024年推出"民族版青稞干白/干红"，瞄准年轻消费群体。核心市场覆盖云南、四川、浙江、广东等省份，高端产品进入北京、上海等一线城市，2023年营收突破1.2亿元，省外销售额占比达60%，青稞酒与葡萄酒营收占比约为3∶7，毛利率达55%，其中高端产品（单价200元以上）贡献了40%利润。

二、迪庆香格里拉青稞资源开发有限公司

（一）企业简介

迪庆香格里拉青稞资源开发有限公司位于迪庆州南大门开发区境内，国道214线2165千米+600米处，占地约10亩，已建成GMP生产厂房2000平方米，其他设施7000平方米，生产场地、设备、设施按制药行业的标准设计建设。公司于2007年8月成立，注册资金500万元，经营宗旨是"绿色健康，快乐分享"，经营理念是"携手广大农户，投身健康事业，创建和谐环境，成就精彩人生"，产品理念是"秉承天然，心系健康"。企业自成立以来，完成了4300公顷的无公害原料基地认证，1.2万亩的绿色原料基地的认证，直接采用提供良种和种植技术支持及保护价收购产品的订单农业方式，开辟种植基地。在软件建设和人才培养方面，通过"香一处""藏秘"云南省著名商标的品牌认证，入选国家高层次人才1人。企业构建了覆盖青稞育种、食品加工、功能成分提取的完整产业链，成为连接迪庆藏区青稞种植户与全国健康食品市场的重要枢纽，获得了"云南省高新技术企业""云南省农业产业化重点龙头企业"等称号。

（二）经营模式

原料供应方面：

企业构建了"公司＋农户＋基地"的原料供应模式。在这一模式下，与当地众多农户签订长期合作协议，从青稞品种的筛选阶段便深度介入。凭借专业的农业知识和市场调研，优先选定长黑青稞、短白青稞、青海黄青稞、云青1号、云青2号、玖格等优质、高产、适应性强且符合市场需求的品种，提供给合作农户种植。在种植过程中，安排专业技术人员定期深入田间地头，为农户提供全方位的种植技术培训与指导。从播种时机、施肥方案、灌溉频率到病虫害防治等各个环节，都给予细致且科学的建议，确保青稞在生长过程中得到妥善照料。同时，为农户提供稳定的销售渠道，以高于市场的价格收购符合质量标准的青稞，极大地激发了农户的种植积极性。企业还大力投入建设青稞种植基地，对基地进行统一规划与精细化管理，通过现代化的农业设施和科学的种植方法，实现示范种植与技术推广的双重目标。这些基地不仅为企业提供了部分优质原料，更成为向农户展示先进种植技术和管理经验的重要窗口，有力保障了青稞原料供应的稳定性与高质量，为后续生产加工环节奠定了坚实基础。

生产加工方面：

企业投入大量资金引进国际先进的生产设备与技术工艺。在青稞酒酿造车间，自动化酿酒设备一应俱全，从青稞原料的蒸煮、发酵到蒸馏、陈酿，每个步骤都实现了精准控制，从而保证了青稞酒品质的一致性与稳定性。在青稞食品生产车间，同样配备了先进的食品加工生产线，从原料处理、成型、烘焙到包装，实现了全自动化生产，大大提高了生产效率，同时减少了人为因素对产品质量的影响。同时，公司不断进行技术和产品创新，开发出青稞威士忌、青稞精酿工艺啤酒、牦牛能量棒、青稞月饼等一系列新产品，满足了不同消费者的多样化需求，丰富了青稞产品的市场供给。

（三）销售情况

通过线下渠道深耕和线上平台发力，进行线上线下融合的全方位拓展。

　　线下方面，在云南省内与众多经销商、零售商建立了长期稳定的合作关系。公司产品广泛进入各大超市、便利店、酒类专卖店、土特产店等销售终端。在超市中，通过精心设计的产品陈列区域，突出青稞产品的特色与优势，吸引消费者的目光；在酒类专卖店，专业的销售人员能够详细介绍青稞酒的独特酿造工艺和口感特点，为消费者提供专业的购买建议；在土特产店，青稞产品与当地其他特色产品相结合，形成具有地域特色的产品组合，吸引游客和本地消费者购买。公司还积极参加各类食品展销会、酒类博览会等行业展会，通过展示丰富多样的产品、宣传独特的品牌文化，吸引外地经销商和消费者的关注，不断拓展产品在全国市场的线下销售渠道。

　　线上方面，借助互联网电商平台的力量，开设了官方旗舰店和线上销售渠道。在电商平台上，公司通过精美的产品图片、详细的产品介绍和生动的视频展示，全方位呈现青稞产品的特点与优势。利用直播带货、社交媒体营销等新兴手段，与消费者进行实时互动，解答消费者的疑问，增强消费者对产品的了解与信任。公司还注重线上客户服务，及时处理消费者的订单与售后问题，提升消费者的购物体验。通过线上线下融合的销售模式，公司成功将来自香格里拉雪域高原的青稞产品推向全国乃至全球市场，不断扩大市场份额，提升品牌知名度和影响力。

第六节　产业发展启示

　　青稞作为高原特色农作物，其产业发展不仅关乎粮食安全、农牧民增收，更对民族地区经济振兴和健康中国战略具有深远意义。近年来，青稞产业从传统种植向全产业链升级的实践，为特色农业高质量发展提供了重要启示。

一、立足资源禀赋，彰显地域特色是根本前提

　　青稞产业的兴起，首先得益于其对青藏高原独特生态环境的适应性以及

其本身所蕴含的丰富营养价值和文化内涵。这启示我们，发展特色产业必须深挖地域资源的独特性与比较优势。无论是独特的自然地理条件、特有的物种资源，还是深厚的历史文化底蕴，都是形成产业核心竞争力的基石。盲目复制、同质化竞争难以持续，唯有彰显"人无我有、人有我优"的特色，才能在市场中占据一席之地。

二、科技创新驱动，提升产业附加值是核心动力

从传统的粗放种植、简单加工到如今的良种选育、精深加工以及"青稞肽"等高科技产品的研发，科技创新贯穿了青稞产业升级的全过程。这启示我们，科技是引领现代农业发展的第一生产力。要持续加大科研投入，攻克关键技术瓶颈，不仅要提高产量和品质，更要通过精深加工和高附加值产品的开发，延伸产业链条，提升产业的整体效益和竞争力。例如，对功能性成分的提取与应用，正是提升农产品价值的有效途径。

三、全产业链构建，促进三产融合是关键路径

青稞产业已形成"种植—加工—流通—消费"的完整体系，并实现了"一产稳固、二产做强、三产搞活"的良好局面。这启示我们，单一环节的优势难以形成持久的产业竞争力，必须着眼于全产业链的构建与优化。通过一二三产业的深度融合，可以有效整合资源、降低成本、提升效率，并创造出更多的就业机会和增值空间。例如，将青稞种植与文化旅游、健康养生等服务业相结合，可以极大地拓展产业的内涵与外延。

四、政策精准扶持，营造良好发展环境是重要保障

国家及地方政府在青稞良种推广、技术研发、品牌建设、市场开拓等方面的政策支持，为青稞产业的快速发展提供了有力保障。这启示我们，政府的引导和扶持对于特色产业的培育和壮大至关重要。政策应具有前瞻性、精准性和系统性，既要解决产业发展初期的瓶颈问题，也要为产业的长远发展提供持

续的动力和良好的营商环境。多元食物供给体系、全谷物行动计划等国家战略的提出，更是为相关产业指明了发展方向。

五、品牌文化引领，提升市场认同度是重要抓手

青稞产业的发展，离不开对其健康价值和文化内涵的挖掘与传播。通过打造区域公共品牌和企业品牌，讲述青稞故事，传递健康理念，有效提升了消费者对青稞产品的认知度和好感度。这启示我们，品牌是特色农产品走向市场的通行证，文化是品牌的灵魂。必须重视品牌建设，将产品优势与文化特色相结合，通过有效的市场营销和品牌传播，提升产品的市场影响力和美誉度。

六、市场需求导向，满足多元化消费是发展方向

从传统的糌粑到现代的青稞饼干、青稞能量棒、青稞奶茶等多样化产品，青稞产业始终在积极适应并引领市场消费需求的变化。这启示我们，任何产业的发展都必须以市场需求为导向。要密切关注消费趋势的变迁，积极开发满足不同消费群体、不同消费场景的多元化产品，从供给侧发力，创造新的消费增长点。

七、绿色可持续发展，兼顾生态与经济效益是长远之计

青稞产业的发展与高原生态环境保护息息相关。推广绿色种植技术、发展有机农业，不仅能提升产品品质，也是实现产业可持续发展的必然要求。这启示我们，特色产业发展必须坚持生态优先、绿色发展的原则，将生态效益、经济效益与社会效益有机统一起来，实现人与自然的和谐共生，才能确保产业的基业长青。

八、多方协同参与，构建共建共享机制是力量源泉

青稞产业的发展离不开政府、企业、科研机构、合作社、农户以及金融机构等多方的共同努力与协作。这启示我们，构建一个多方参与、利益共享、风险共担的协同发展机制至关重要。通过有效的组织和协调，可以汇聚各方资源

和智慧,形成推动产业发展的强大合力。

综上所述,青稞产业的发展之路,是一条立足特色、创新驱动、全链协同、政策赋能、品牌引领、市场导向、绿色持续、多方共建的成功之路。其经验对于我国其他地区发展特色农业、推动乡村振兴、实现区域经济高质量发展具有重要的借鉴意义。

第五章

青稞产业发展的
代表性产品

随着健康消费理念深入人心，国民饮食结构正经历深刻变革。2024年，面对持续增长的"三高"（高血糖、高血脂、高血压）人群，"低糖、低脂、低精致碳水"饮食模式已成为市场主流。在此背景下，青稞凭借其独特营养价值迅速跃升为健康食品市场的新星。青稞富含β-葡聚糖、膳食纤维、生育酚和γ-氨基丁酸等生物活性成分，具备降血糖、降血脂、抗氧化和调节肠道微生态等多重健康功效。这些特性不仅满足了现代消费者对健康食品的刚性需求，也为食品加工业提供了丰富的创新素材。

如青稞加工树所示（见图5-1），青稞产业已形成了完整的加工体系和丰富的产品矩阵。从根系来看，青稞经干燥、碾皮后形成了三大加工方向：一是以青稞粉为主的面制品类，包括青稞面包、青稞饼干、青稞面条和青稞馒头等传统主食产品；二是以青稞籽粒为主的食品饮料类，涵盖青稞米、青稞麦片、青稞饮料和多种青稞酒类；三是以青稞提取物为核心的功能性成分，如青稞花青素、

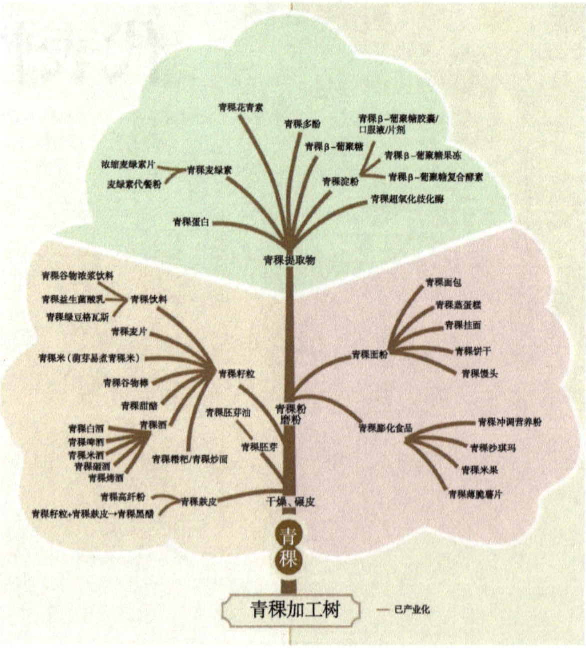

图5-1　青稞加工树图

青稞β–葡聚糖、青稞多酚、青稞蛋白等高价值物质,为功能食品和保健品行业提供了优质原料。这种多元化的加工体系不仅大幅提升了青稞的经济价值,也极大拓展了青稞产业的发展空间。

2024年,青稞产业呈现出规模化、专业化和品牌化的发展轨迹。从传统的青稞酒、糌粑等初级产品,向多元化、高附加值的精深加工方向迈进,青稞主食、饮品、功效产品和休闲食品等类别百花齐放。国家"健康中国"战略的实施和《中国居民膳食指南(2022)》对全谷物摄入的推荐,为青稞产业带来前所未有的发展机遇。青稞加工树的不断"枝繁叶茂",正是产业创新活力和市场需求增长的生动体现。本章将聚焦2024年青稞产业代表性产品的最新发展,展现青稞产业创新活力和未来趋势。

第一节　青稞主食类产品的市场表现与创新发展

一、青稞米

(一)青稞米的营养价值与市场定位

2024年,青稞米市场展现出强劲增长势头。作为"绿色珍珠"的青稞米,以其卓越的营养特性赢得消费者青睐。营养学研究证实,青稞米的蛋白质含量(6.35‰~21.0%)显著高于常见谷物,膳食纤维含量达16%(不可溶性纤维9.68%,可溶性纤维6.37%),而脂肪含量仅为2.13%,低于玉米、燕麦等谷物。

青稞起源于青藏高原,历经数千年驯化和培育,已成为当地居民的主要粮食作物。青稞米的营养价值远超普通谷物,不仅蛋白质含量丰富,且氨基酸组成平衡,人体必需氨基酸含量较高。此外,青稞米中的矿物质和维生素含量也十分丰富,尤其是钙、铁、锌等微量元素和B族维生素对维持人体健康至关重要。

随着营养学研究的深入,青稞米的药食两用价值逐渐被挖掘。早在《藏医四部医典》中,青稞就被记载具有"健脾益胃、补气养血"的功效。现代研究证实，青稞富含的多种生物活性物质对预防慢性疾病具有积极作用，尤其是在调节血糖、降低胆固醇和改善肠道微生态方面效果显著。

（二）加工技术的创新与品质提升

2024年，青稞米加工技术取得新突破，低温脱皮工艺逐渐普及，有效提高了青稞β-葡聚糖和膳食纤维的保留率。市场调研显示，消费者对青稞米的健康属性认知度大幅提升，带动了销量持续增长。

传统青稞加工技术通常采用机械碾磨方式，在脱皮过程中容易导致营养成分流失和产品品质下降。近年来，随着精深加工技术的发展，低温脱皮、微米级精磨和低氧气调包装等先进工艺逐渐应用于青稞米加工领域，有效提升了产品品质以及延长产品保质期。

低温脱皮技术作为2024年青稞米加工的重要创新，通过控制加工温度不超过45℃，最大程度保留了青稞中的热敏性营养成分，特别是β-葡聚糖和可溶性膳食纤维。相比传统工艺，低温脱皮技术生产的青稞米β-葡聚糖保留率提高了25%~30%，膳食纤维总量提高了15%~20%，显著增强了产品的健康价值。除低温脱皮外，超微粉碎技术也在青稞米加工中得到应用。通过将青稞米粉碎至10~30微米级别，大幅提高了产品的溶解性和消化吸收率，为婴幼儿、老年人等特殊人群提供了更适宜的青稞食品选择。同时，气调包装技术的引入显著延长了青稞米的保质期。通过降低包装内氧气含量，抑制脂肪酸氧化和酶促褐变反应，使产品在常温下保质期从传统的6~8个月延长至12~18个月，为产品远距离物流和出口创造了有利条件。

（三）市场格局与品牌竞争

在2024年市场竞争格局中，"金龙鱼""燕之坊""金健""十月稻田"等传统粮油品牌与"乐食麦""经稞""一禾谷香""雪域圣谷""藏地金稞"等专业青稞品牌形成良性竞争。"十月稻田"的五色糙米将青稞与其他谷物有机结合，成为健康食品货架的常客；"藏地金稞"则以有机种植和全程可追溯获得高端市场认可。

传统粮油品牌凭借强大的渠道优势和品牌影响力，主要占据大众市场，产品定位偏重日常主食替代和营养搭配。这些品牌通常将青稞米作为杂粮产品线的延伸，以丰富产品矩阵，满足消费者对多样化主食的需求。"十月稻田"的五色糙米产品创新性地将青稞、红米、黑米、糙米和燕麦五种谷物按黄金比例混合，既保证了产品的营养均衡，又提升了口感体验，在电商和商超渠道表现突出。

专业青稞品牌则更注重产品溯源和功能性开发，多采用高原直采模式，强调青稞的原产地价值和传统文化内涵。"藏地金稞"作为行业新锐品牌，采用"公司+农户+基地"的全产业链模式，实现从种植到销售的全过程可追溯，产品主打"有机认证"和"全程可溯"双重品质保障，在高端有机食品市场赢得了良好口碑。

"雪域圣谷"作为2023年获得"拉萨市名牌产品"称号的品牌，在2024年市场表现抢眼，市场份额持续扩大。据业内观察，2024年青稞米产品呈现多元化、功能化发展趋势，预计来年将有多款新型功能性的青稞米产品面世。

（四）青稞米产品创新与多样化发展

2024年，青稞米产品呈现多元化、功能化、便捷化发展趋势，从传统的主食用途向休闲食品、功能性食品和即食产品方向拓展。创新产品包括：

1. 复合型青稞米

营养互补、口感丰富的复合米产品，既保留了各种谷物的特色营养成分，又改善了单一谷物的食用口感，受到健康人群的欢迎。

2. 功能性青稞米

针对特定功能需求开发的增强型青稞米产品，如添加钙、铁、锌等微量元素的强化型青稞米；添加益生菌、益生元的肠道健康型青稞米；以及特别添加膳食纤维的控糖型青稞米等。这类产品主要面向中老年人、孕妇、儿童等特殊人群，满足其特定的营养需求。

3. 即食型青稞米产品

适应现代快节奏生活方式的便捷式青稞米制品，如青稞米片、青稞米速煮包、青稞米粥等。这类产品通过特殊工艺处理，大幅缩短了烹饪时间，只需简单加热或冲泡即可食用，受到都市白领族群的喜爱。

4. 休闲型青稞米零食

将青稞米加工成休闲零食形态，如青稞米酥、青稞米巧克力、青稞米能量棒等。这类产品通过创新配方和工艺，将青稞米的健康属性与休闲食品的愉悦体验相结合，为消费者提供健康零食新选择。

5. 青稞米深加工制品

利用青稞米提取的功能性成分开发的深加工产品，如青稞米蛋白粉、青稞米β–葡聚糖粉、青稞米膳食纤维等。这类产品主要面向健康管理和保健市场，作为膳食补充剂使用。

这些创新产品的出现，不仅丰富了青稞米的应用形式，也大幅提升了青稞米的市场价值，推动了产业向高附加值方向发展。

二、青稞粉

青稞粉作为青稞加工的基础产品，在2024年青稞食品产业链中的地位进一步凸显。市场上主要有全粉（未去皮）和精粉（去皮）两大类，前者保留更多营养成分，后者口感更为细腻。

（一）糌粑

1. 糌粑的文化渊源与营养价值

作为藏族传统主食，糌粑在2024年展现出新的发展活力。在涉藏地区，80%以上的人口仍以青稞为主食。糌粑在藏族文化中占据重要地位，不仅是日常饮食的主要来源，也是宗教仪式、民俗节日和社交活动中不可或缺的元素。藏族人民称青稞为"粮食之母"，而糌粑则被视为"智慧和力量的源泉"。

从营养学角度看，糌粑是一种营养全面的全谷物食品。传统工艺制作的糌粑保留了青稞的全部营养成分，包括丰富的蛋白质、膳食纤维、B族维生素和矿物质。由于采用炒制工艺，青稞中的淀粉部分糊化，提高了消化率；同时炒制过程中产生的美拉德反应产物，不仅赋予糌粑独特的香气，还具有一定的抗氧化活性物质。

现代研究发现，定期食用糌粑的人群中，肠道菌群多样性更高，肠道健康状况更好，这与糌粑中丰富的膳食纤维和多酚类物质密切相关。此外，糌粑的低GI特性，使其成为血糖管理的理想食品。

2. 传统糌粑制作工艺的传承与创新

传统糌粑制作工艺包括原料筛选、清洗、晾干、翻炒和研磨等环节，最终形成富含麦香的粉状食品。这一工艺看似简单，实则蕴含深厚的技艺积累，尤其是炒制和研磨环节，直接影响产品品质。

传统炒制采用文火慢炒方式，炒制温度一般控制在180~220℃之间，时间根据青稞品种和水分含量调整，通常需20~30分钟。炒制过程中需不断翻动，以确保受热均匀，达到外表金黄、内部熟透的效果。研磨则主要使用石磨，通过缓慢研磨保留谷物风味，颗粒度通常控制在80~120目之间。

2024年，在传承传统工艺的基础上，现代糌粑生产引入了多项技术创新：

·控温控时炒制系统：采用计算机控制的温度传感和自动翻炒装置，实现炒制过程的精准控制，提高产品一致性。

·低温气流研磨技术：取代传统石磨，采用低温气流研磨方式，减少研磨过程中的热量产生，最大限度保留营养成分。

·分级筛选技术：根据颗粒大小进行精细分级，满足不同消费者对产品细度的差异化需求。

·真空充氮包装：采用真空充氮技术延长保质期，从传统的3~6个月延长至12~18个月。

这些技术创新在保留传统口感的同时，显著提升了产品品质和货架期，为糌粑的现代化、规模化生产奠定了基础。

3. 市场品牌格局与产品创新

市场上主要品牌包括古荣糌粑、白朗洛丹牌糌粑和雅砻糌粑。古荣糌粑作为获得地理标志保护的传统品牌，具有悠久的历史和深厚的文化底蕴。传统上，古荣糌粑主要作为贡品和高端礼品流通，以其特有的制作工艺和口感特点而闻名。2024年，古荣糌粑在保持传统工艺的同时，推出了便携式小包装产品，以满足现代消费需求。

2024年，糌粑产品呈现四大创新趋势：

·便携化：推出30～50克小包装产品，便于携带和食用，迎合都市人群和旅游市场需求。

·功能化：添加藏红花、枸杞、沙棘等功能性原料，增强产品保健价值。

·风味多样化：开发甜味、咸味、辣味等多种口味的糌粑产品，满足不同消费者口味偏好。

·即食化：推出免调制即食糌粑，只需加水或牛奶即可食用，简化传统糌粑烦琐的调制过程。

这些创新趋势推动糌粑从传统的区域性食品向全国性健康食品转变，市场接受度显著提升。据市场调查，2024年除传统产区以外的糌粑消费同比增长超过35%，特别是一线城市和健康人群中，糌粑作为健康早餐和户外零食的接受度显著提高。

（二）现代青稞粉

1. 青稞粉产业的区域分布与规模发展

2024年，青稞粉产业加速整合，区域化生产中心初具规模。青稞粉生产主要集中在西藏、青海、甘肃和四川等青稞主产区，形成了"高原集中种植、主产区精深加工、全国市场销售"的产业发展模式。

从产业规模看，西藏自治区拥有中国最大的青稞粉生产基地，年加工能力超过10万吨，主要以合作社和农牧业产业化龙头企业为生产主体。青海省次之，年加工能力约8万吨，企业规模化水平较高。甘肃和四川等地区合计年加工能力约5万吨，以中小型加工企业为主。

从企业结构看，青稞粉产业正经历从分散小作坊向规模化、集团化发展的转型过程。大型企业通过兼并重组和产能扩张，逐步形成规模优势和品牌影响力；中小企业则主要通过特色化、差异化策略，在细分市场寻求生存和发展空间。

2. 青稞粉的分类与加工工艺创新

根据加工工艺的不同，市场上的青稞粉主要分为全粉（未去皮）和精粉（去皮）两大类。全粉保留了更多的膳食纤维和微量营养素，健康价值更高；精粉则口感更加细腻，烹饪适应性更广。此外，根据颗粒大小，又可分为粗粉（40~60目）、中粉（60~80目）和细粉（80~120目）。

2024年，青稞粉加工工艺实现多项创新：

·低温制粉技术：采用低温研磨系统，将研磨过程中温度控制在45℃以下，最大限度保留青稞中的热敏性营养成分和活性酶类。

·气流分级技术：采用气流分级系统，根据颗粒密度和大小精确分离麸皮和胚乳，提高产品纯度。

·超微粉碎技术：将传统60~120目的粉碎细度提升至200~500目，显著提高产品溶解性和消化吸收率。

·生物酶解预处理：引入酶解预处理环节，部分降解青稞中的植酸和难消化碳水化合物，提高矿物质生物利用度和产品风味。

这些技术创新极大提升了青稞粉的加工精度和产品品质，为青稞粉的广泛应用创造了有利条件。

3. 市场品牌与产品差异化发展

电商平台数据显示，万谷食美、祁连裕农、青藏部落和藏地金稞等品牌在2024年表现活跃。藏地金稞作为成都林记食品有限公司的核心品牌，坚持专业化发展路线，2024年持续拓展产品线和销售渠道，市场份额稳步提升。

在产品策略上，各品牌呈现明显的差异化趋势：

·万谷食美：主打全谷物健康理念，产品涵盖全粉、胚芽粉和复合粉等多种类型，定位健康食品市场。

·祁连裕农：以有机认证和原产地品质为核心卖点，产品包装精致，主打高端礼品市场。

·青藏部落：强调传统工艺和文化传承，产品包装融入藏族文化元素，主攻文化体验型消费。

·藏地金稞：专注功能性青稞粉开发，产品线包括低GI青稞粉、高纤青稞粉和富铁青稞粉等，针对特殊人群需求。

值得注意的是，2024年青稞粉向高端化、功能化方向发展趋势明显。有机青稞粉、全谷物青稞粉和功能性复合青稞粉等新品类层出不穷，为消费者提供了更多健康选择。

4.青稞粉的应用领域拓展

随着加工技术的进步和产品品质的提升，青稞粉的应用领域不断扩展，从传统的主食用途向调味品、功能性食品和工业原料方向延伸。

在食品领域，青稞粉已广泛应用于面包、饼干、面条、麦片等烘焙和主食产品，以及调味品、酱料等辅助食品中。特别是在特殊膳食食品领域，青稞粉因其低GI特性和高营养价值的优势，成为糖尿病食品、婴幼儿食品和老年食品的重要原料。

在保健食品领域，青稞粉及其提取物被用于开发各种功能性产品，如β-葡聚糖粉、膳食纤维粉和蛋白质粉等。这些产品针对血糖管理、胆固醇控制和肠道健康等特定功能需求，市场前景广阔。

在化妆品和医药领域，青稞粉的应用也开始起步。青稞提取物中的多酚类物质和β-葡聚糖等成分具有良好的抗氧化和修复作用，被应用于开发天然护肤品和外用药物。

这些新兴应用领域的开拓，不仅提升了青稞粉的经济价值，也为青稞产业的可持续发展提供了新的增长点。

三、青稞面条

（一）青稞面条的技术挑战与创新解决方案

2024年，青稞面条市场迎来技术创新与产品升级。作为中国传统主食，面条消耗的面粉量占面制品的35%，是主食产业化程度最高的品类。青稞面条虽具备高纤维、高蛋白的营养优势，但其生产加工长期面临着技术瓶颈。由于青稞面筋蛋白含量低、支链淀粉含量高，传统青稞面条易断裂、表面粗糙，蒸煮损失大。为克服这些技术挑战，行业专家和企业研发人员提出了多种解决方案：

1. 蛋白质改性技术

通过添加谷朊粉、大豆蛋白或鸡蛋蛋白等高品质蛋白，改善面团弹性和面筋网络结构。

2. 酶处理技术

添加转氨酶、过氧化物酶等特定酶类，促进蛋白质分子间形成交联，增强面团的黏弹性和稳定性。

3. 水热处理技术

对青稞粉进行适度预糊化处理，改变淀粉物理性质，提高面团保水性和加工适应性。

4. 复合改良剂应用

开发专用面条改良剂配方，包含增筋剂、保水剂、乳化剂等多种功能性添加物，全面改善青稞面条品质。

5. 冷冻干燥技术

采用速冻干燥工艺，保持面条组织结构完整性，提高复水性能和口感品质。

这些技术解决方案的应用，为青稞面条产业突破发展瓶颈提供了可行路径。

（二）青海新丁香青稞面条的产业化突破

青海新丁香粮油有限责任公司在2024年继续引领行业技术创新，公司开发的高含量青稞挂面将青稞粉添加比例提高到51%以上。这一突破性产品采用青稞蛋白交联改性技术，实现了青稞蛋白与其他谷物蛋白的协同作用，有效改善了产品弹性和稳定性。新丁香的技术创新主要体现在以下几个方面：

1. 青稞蛋白交联改性技术

通过特定酶处理和pH调控，促进青稞蛋白分子间形成交联网络，显著提高面团弹性和成型能力。

2. 多级调温调湿控制系统

采用数字化温湿度控制系统，实现面条制作过程中温湿度的精准控制，保证产品质量稳定。

3. 专利复合改良剂配方

开发专用于青稞面条的复合改良剂，解决青稞面筋网络弱、面团保水性差等问题。

4. 低温真空干燥工艺

采用低温（40~50℃）真空干燥技术，保留面条的营养成分和风味特性，同时确保产品口感和储存稳定性。

该公司产品已获得"有机产品认证""FFC中国功能性食品大会科技创新奖"，2024年继续保持技术领先优势。新丁香青稞面条不仅在国内市场表现优异，还开始拓展国际市场，成为向世界展示中国青稞产品的重要窗口。

（三）青稞面条的市场格局与产品多样化

今年市场调研发现，青稞面条产品以挂面为主，鲜面和速食面比例相对较低，多数产品的青稞添加比例不超过50%。市场上的青稞面条产品主要分为以下几类：

1. 传统青稞挂面

青稞含量一般在30%~40%之间，以小麦粉为主要辅料，产品定位大众化日常主食市场。

2. 高含量青稞面

青稞含量50%以上，采用特殊工艺处理，强调营养健康属性，针对中高端健康食品市场。

3. 青稞速食面

以方便快捷为主要卖点，通常进行预熟化处理，添加风味包，使用简便，主打年轻消费群体。

4. 功能性青稞面条

添加特定功能性成分，如高纤维、低GI、富硒等，针对有特殊健康需求的目标群体。

5. 特色风味青稞面

融合地方特色风味，如川西高原藏族风味、青海回族风味等，突出文化体验和口味特色。

从品牌结构看，市场上主要有三类企业：一是以新丁香为代表的专业青稞面条生产企业；二是如康师傅、今麦郎等全国性面食品牌推出的青稞面系列产品；三是区域性特色面食品牌开发的本土风味青稞面。

随着技术进步和消费需求升级，来年有望推出更多青稞含量高、功能性强的新型面条产品。行业预测，到2025年，青稞含量60%以上的高品质面条将成为市场新增长点，而针对特定健康功能的定制化青稞面条也将迎来发展机遇。

四、青稞面包

（一）青稞面包的技术特性与加工挑战

2024年，青稞面包迎来发展黄金期。相较传统小麦面包，青稞面包制作存在特殊挑战：青稞粉发酵难度大，膨胀力弱，成品组织细密，风味类似全麦和黑麦面包。

从烘焙技术角度看，青稞面包的主要挑战来自青稞粉的独特性质：

1. 低面筋含量

青稞蛋白质中，谷蛋白和醇溶蛋白占比较高，而形成面筋网络的麦谷蛋白和麦胶蛋白含量相对较低，导致面团弹性和成型性较差。

2. 高支链淀粉比例

青稞淀粉中直链淀粉与支链淀粉比例约为25∶75，支链淀粉含量高，影响面团发酵过程中的气体保持能力。

3. 酶活性特点

青稞中α-淀粉酶活性相对较高，而蛋白酶活性较低，这种酶系特点影响面团发酵和烘烤过程中的理化变化。

4.高膳食纤维含量

青稞富含的膳食纤维对面团结构形成有干扰作用，同时也增加了面团的吸水性，使得配方水分调控更加复杂。

面对这些挑战，烘焙专家开发了多种技术解决方案，包括添加增筋剂、采用低温长时发酵、使用特殊酵母菌种等。这些技术创新为青稞面包的产业化奠定了基础。

（二）世界面包大师赛冠军点燃行业热情

2023年中国烘焙代表队以青稞为主要原料（占比超40%）的面包作品夺得第25届IBA国际焙烤展世界面包大师赛总冠军，为青稞面包产业发展注入强劲动力。这一荣誉在2024年持续释放市场效应，推动青稞面包走向大众餐桌。这一冠军作品的成功关键在于创新的配方和工艺：

1.科学配方设计

冠军作品采用青稞粉、小麦高筋粉、全麦粉的科学配比，并添加蜂蜜、牛奶和坚果等辅料，平衡了口感与营养。

2.冷藏发酵技术

采用16~20小时的低温（4~6℃）发酵，充分发展面团风味物质，提升产品香气复杂度。

3.分段烘烤工艺

首先高温（230~240℃）烘烤10分钟形成外壳，然后降温（190~200℃）继续烘烤，保证内部充分熟化的同时避免外部过度着色。

4.独特造型设计

面包造型融入青藏高原文化元素，突出文化特色，增强产品识别度和文化内涵。

这一冠军作品的成功，不仅展示了中国烘焙师的高超技艺，也证明了青稞作为烘焙原料的巨大潜力，引发了行业的广泛关注和模仿创新。2024年，国内多家烘焙培训机构推出青稞面包制作专题课程，众多烘焙企业纷纷开发青稞面包新品，形成行业热潮。

（三）区域代表企业的创新实践

西藏吖哈嘟食品有限公司作为西藏自治区青稞面包生产的代表企业，2024年产品线不断丰富，从青稞全麦面包扩展到青稞欧包、青稞甜点等多元产品。该公司创新实践主要体现在以下几个方面：

1.生产线技术升级

引进全自动面包生产线，采用数字化控制系统，提高生产效率和产品一致性。生产线设计产能为日产3000斤面包，实际运行中达到2500~2800斤。

2.产品多元化策略

基于市场调研，公司将产品线从单一的青稞全麦面包扩展为包含青稞软欧包、青稞甜甜圈、青稞蛋糕等多种类型，满足不同消费场景需求。

3.本土化研发理念

研发团队深入挖掘西藏本土食材和饮食文化，将青稞与藏红花、牦牛乳、枸杞等特色原料结合，开发具有浓郁地方特色的创新产品。

4.营销渠道创新

除传统连锁门店外，公司还积极开拓旅游景点、星级酒店、高端商超等新渠道，并推出专门针对旅游纪念品市场的特色包装产品。

公司在技术创新和市场运营方面的成功尝试，为区域性青稞食品企业提供了宝贵经验，展示了本土企业在特色食品领域的发展潜力。

（四）全国性品牌的市场带动作用

多家全国性连锁烘焙品牌也将青稞面包纳入产品线，进一步提升了青稞面包的市场渗透率。从品牌策略看，不同类型烘焙企业采取了差异化的产品定位：

1.高端连锁烘焙品牌

如面包新语、巴黎贝甜等，主推健康高端路线，青稞面包定价较高，产品定位为健康时尚人群。

2.大众连锁烘焙品牌

如克莉丝汀、面包王、好利来等，主推平价健康路线，青稞面包价格亲民，定位日常健康主食。

3. 区域性烘焙连锁

如西域春天（新疆）、青藏之星（青海）等，主打地方特色，将青稞与当地特色食材结合，突出文化特色。

4. 零售渠道品牌

如桃李面包、达利园等，主推标准化包装面包，通过商超渠道销售，覆盖广泛消费群体。

这些不同类型品牌在各自市场领域的推广活动，共同扩大了青稞面包的消费群体和市场规模，为产业发展构建了良好的市场基础。

（五）青稞面包的发展趋势与前景展望

2024年，青稞面包产业呈现低GI健康化、全谷物功能化和口味多样化三大趋势，预计未来几年将成为烘焙市场的新增长点。从产品创新方向看，青稞面包未来发展将呈现以下趋势：

1. 功能性升级

进一步强化低GI、高纤维、高蛋白等功能性特点，开发针对特定健康需求的专属产品。

2. 口感优化

通过配方和工艺创新，改善青稞面包较为紧实的口感特点，开发质地更为松软的产品，扩大消费群体。

3. 风味多样化

探索青稞与各类辅料的风味互补，开发甜、咸、酸、辣等多种风味产品，满足不同消费场景需求。

4. 便捷化发展

借鉴现代烘焙技术，开发即食型、半成品型青稞面包，满足消费者对便捷食品的需求。

5. 文化融合

深入挖掘青稞的文化内涵，将传统文化元素与现代设计理念结合，提升产品文化附加值。

基于这些发展趋势,业内专家预测,青稞面包市场在未来3~5年将保持20%~30%的年均增长率,到2027年市场规模有望突破30亿元,成为特色烘焙市场的重要组成部分。

第二节 青稞饮品类产品的创新与市场拓展

2024年,青稞饮品类产品整体呈现健康化、多元化和高端化趋势,从传统酒类向多品类饮料方向拓展。

一、青稞饮品市场概况

青稞饮品行业已形成青稞酒类、青稞茶和青稞谷物饮料三大品类。数据显示,截至2024年,我国注册的青稞酒企业已超过4500家,较2023年增长约5%,行业集中度也在逐步提高。

从产业规模看,青稞酒类仍是最主要的青稞饮品品类,市场规模约180亿元;青稞茶次之,市场规模约25亿元;青稞谷物饮料作为新兴品类,市场规模约15亿元,但增速最快,年增长率超过30%。

从消费群体分析,青稞饮品的主要消费人群包括:

1. 健康管理人群

注重饮食健康,关注食品营养价值和功能特性,是青稞低度酒、青稞茶和青稞谷物饮料的主要消费群体。

2. 特色文化爱好者

对民族文化和地域特色有浓厚兴趣,将青稞饮品作为体验藏族文化的载体,多集中在旅游景区和文化体验场所。

3. 高端商务人群

将高端青稞酒作为商务交往和社交礼品,注重产品品牌和文化底蕴,对产品品质要求高。

4. 年轻时尚人群

追求新颖时尚的饮品体验，是青稞创新饮品的主要消费群体，对产品包装设计和品牌调性敏感。

值得关注的是，2024年青稞谷物饮料增长迅猛，以植物基饮料为代表的新品类成为市场热点。消费者对健康、低糖、植物性饮品的需求持续增加，推动了青稞饮料产品的快速创新与升级。

二、青稞白酒

（一）青稞白酒的历史传承与产业现状

2024年，青稞白酒行业呈现稳健发展态势。青海互助天佑德青稞酒股份有限公司继续保持行业领导地位，旗下拥有"天之德""天佑德""八大作坊""互助""世义德""阿拉嘉宝"等系列产品。

天佑德青稞酒传承自明洪武年间的天佑德酒坊，拥有650年历史。2021年，其传统酿造技艺被认定为国家级非物质文化遗产，彰显了深厚的文化底蕴。这一传统工艺包括以下关键环节：

1. 特殊原料选择

以青稞为主要粮食原料，配以豌豆等辅料，原料多产自海拔3000米以上的高原地区。

2. 独特的制曲方式

采用青稞作为制曲原料，使用特有的曲房结构和环境控制方法，培育出适合高原环境的曲种。

3. "三高两长"发酵工艺

"三高两长"发酵工艺即高海拔、高密度、高接种量，长时间、长周期发酵，形成独特的风味物质谱系。

4. 清蒸清烧四次清法

采用四次蒸馏工艺，提高酒的纯净度和风味协调性，形成青稞酒独特的风味特点。

5. 自然老熟技术

采用陶坛储存,依靠自然温度变化进行老熟,使酒体更加醇和协调。

这一传统工艺在2024年仍是青稞白酒品质保障的核心,但同时也融入了现代科技元素,如生物发酵控制、微量元素分析和风味组分精准调控等技术。

(二)高端化战略与产品创新

2024年,青海互助天佑德青稞酒股份有限公司加大文化营销力度,推出"天佑德·传承"系列高端青稞白酒,填补青稞白酒高端市场空白。这一系列产品采用了以下创新策略。

1. 原料精选

采用海拔4200米以上高原产区的优质青稞,强调原料的稀缺性和特殊性。

2. 酿造工艺升级

在传统工艺基础上融入现代精准控制技术,严格控制发酵环境参数,提高产品稳定性。

3. 陈酿年份管理

建立严格的陈酿年份管理体系,产品明确标注基酒年份构成,提升产品溯源性和收藏价值。

4. 文化价值挖掘

深入研究青稞酒历史文化,将历史典故、民族传说融入产品故事,提升文化内涵。

5. 包装设计创新

邀请国际设计师参与包装设计,融合传统文化元素与现代审美理念,提升产品视觉形象。

这一高端系列产品的推出,不仅填补了青稞白酒在高端市场的空白,也为整个品牌提升了溢价能力和品牌形象。2024年上半年财报显示,天佑德青稞酒销售势头良好,有望延续去年22.46%的增长率。公司"海拔系列""巅峰系列"等产品线在中高端市场取得突破,巩固了其在青稞白酒领域的领先地位。

（三）区域特色品牌的崛起

青稞白酒市场竞争日趋激烈，区域特色品牌开始崭露头角。甘肃省甘南藏族自治州的"玛曲青稞酒"作为国家地理标志保护产品，2024年市场表现活跃，在西北地区形成了区域品牌优势。

"玛曲青稞酒"的成功主要得益于以下几个方面。

1. 地域特色原料

采用甘南高原特有的紫皮青稞为原料，这种青稞富含花青素，具有特殊风味和较高营养价值。

2. 传统与现代相结合的工艺

保留当地传统酿造方法，如特殊的窖池结构和发酵管理技术，同时引入现代质量控制手段。

3. 文化营销策略

深入挖掘甘南藏族饮酒文化和民俗活动，将产品与地域文化紧密结合，提升产品文化附加值。

4. 差异化市场定位

避开与全国性品牌的正面竞争，专注区域市场和特色渠道，建立独特的品牌形象和消费群体。

除"玛曲青稞酒"外，"贡觉青稞酒"（西藏昌都）、"娘马青稞酒"（青海玉树）、"格桑花青稞酒"（四川甘孜）等区域品牌也在各自市场中表现不俗，共同促进了青稞白酒市场的多元化发展。

三、传统青稞酒

（一）传统青稞酒的特性与文化价值

2024年，传统青稞酒市场迎来文化体验式消费新趋势。这类酒是西藏1300年历史的传统饮品，采用青稞和藏曲作为原料，通过浸泡、蒸煮、发酵和过滤等工序制成，属于非蒸馏型咂酒。

传统青稞酒的主要特点包括：

1. 原料特殊性

主要以青稞为原料,部分地区会添加米、麦等辅料,原料通常来自高海拔无污染地区。

2. 藏曲发酵

使用特有的藏曲作为发酵剂,藏曲含有多种微生物,包括酵母菌、乳酸菌和霉菌等,具有独特的发酵特性。

3. 低温发酵

发酵通常在10～15℃的低温环境中进行,发酵时间较长,一般需要7～10天,有利于形成复杂而细腻的风味。

4. 非蒸馏工艺

采用过滤分离而非蒸馏提纯,保留了更多原料的营养成分和风味物质。

5. 色泽特点

成品酒呈琥珀色或金黄色,清澈透明,无悬浮物。

6. 风味特性

酸甜交融,酒精度适中(一般在10～15度之间),饮后不上头、不口干,醒酒快。

这些特性使传统青稞酒成为高原地区最受欢迎的传统饮品,也赋予了它丰富的文化内涵。在藏族文化中,青稞酒不仅是日常饮用品,还是宗教仪式、婚丧嫁娶、迎宾送客等重要场合不可或缺的礼仪物品,承载着浓厚的民族情感和文化传统。

(二)传统青稞酒的现代化转型

2024年,随着涉藏地区旅游业复苏,传统青稞酒的文化价值和独特的体验受到更多关注。其健康特性正契合当下健康饮酒理念,为产品发展提供了新机遇。

在现代化转型过程中,传统青稞酒企业主要采取了以下策略。

1. 生产工艺改进

引入温度控制系统、清洁过滤设备和无菌灌装线,提高产品质量稳定性和保质期。

2. 产品标准化

制定生产技术规范和品质控制标准，实现产品质量的可控性和可追溯性。

3. 包装现代化

采用现代包装设计理念和材料，提升产品视觉形象和保存性能，同时保留传统文化元素。

4. 品类多元化

开发不同度数、不同口味、不同包装规格的产品系列，满足不同消费场景和消费群体需求。

5. 渠道拓展

从传统农村市场向城市社区、旅游景点、餐饮场所等渠道扩展，提高产品可及性。

这些现代化举措在保留传统风味和文化特色的同时，提升了产品的市场竞争力，扩大了消费群体和消费场景。

（三）典型企业的创新实践

西藏桑旦岗青稞酒业有限责任公司（以下简称桑旦岗）和达热瓦青稞酒业有限公司是行业代表企业。桑旦岗在2024年持续扩大产能，"喜充·江孜青稞酒"系列产品覆盖西藏全境并拓展至青海等周边市场，业绩持续增长。

桑旦岗的创新实践主要体现在以下几个方面。

1. 文化体验营销

在拉萨、林芝等旅游热点城市开设10家青稞酒文化体验店，游客可以现场观看传统青稞酒的酿造过程，参与品鉴活动，深入了解青稞酒文化。

2. 产品系列化

基于传统配方开发了不同度数、不同口味、不同包装规格的产品系列，满足不同消费需求。

3. 品质升级

引入现代发酵控制技术和过滤技术，提高产品纯净度和稳定性，延长保质期，便于产品流通。

4. 营销创新

积极利用短视频平台和社交媒体，传播青稞酒文化，提升品牌影响力，特别是在年轻消费群体中的认知度。

达热瓦青稞酒业有限公司则在产品创新方面取得突破，其开发的低糖型传统青稞酒更符合现代健康饮食需求。该产品通过特殊工艺处理，将青稞酒中的残糖含量降低30%，同时保留了传统风味特色，适合对糖分摄入敏感的消费群体。

（四）发展趋势与前景展望

2024年，传统青稞酒正从区域特色饮品向全国性文化体验产品转型，预计未来将形成更大的市场影响力。从行业发展趋势看，传统青稞酒有以下几个发展方向。

1. 功能化细分

根据不同功能需求开发特色产品，如低糖型、低度型、营养强化型等，满足健康饮酒需求。

2. 便携化包装

开发小容量、便携式包装产品，适合旅游纪念品和尝鲜体验市场。

3. 礼品化升级

提升产品包装艺术性和文化内涵，强化礼品属性，拓展社交礼仪市场。

4. 文旅深度融合

与当地文旅资源深度融合，开发酒庄体验、酿酒工坊体验和酒文化旅游线路等新业态。

5. 国际市场拓展

借助"一带一路"和文化交流活动，向国际市场推广传统青稞酒，扩大海外影响力。

基于这些发展趋势，业内专家预测，传统青稞酒市场规模将以每年15%~20%的速度增长，到2027年有望突破40亿元，成为民族特色酒市场的重要组成部分。

四、青稞啤酒

（一）青稞啤酒的分类与特性

2024年，青稞啤酒市场延续增长态势。青稞啤酒根据原料配比可分为全青稞麦芽啤酒、青稞麦芽与大麦芽混合型啤酒，以及以青稞为辅料的啤酒三种类型。

全青稞麦芽啤酒是最纯正的青稞啤酒，完全以青稞麦芽为原料，不添加大麦麦芽。这类啤酒风味独特，带有明显的青稞麦香和淡淡的坚果味，口感醇厚，泡沫细腻持久。由于青稞麦芽制作难度大，产量有限，这类啤酒通常定位在高端市场，价格相对较高。

青稞麦芽与大麦芽混合型啤酒是市场主流产品，通常青稞麦芽占比在30%~50%之间。这类啤酒结合了青稞麦芽的特色风味和大麦麦芽的发酵特性，风味均衡，适口性好，深受消费者喜爱。

以青稞为辅料的啤酒主要以大麦麦芽为原料，添加一定比例（通常10%~30%）的青稞原粮或青稞片。这类啤酒生产成本相对较低，但青稞特色风味相对较弱，易于规模化生产，主要面向大众市场。

从产品风格看，青稞啤酒可分为清爽型、醇厚型和特色风味型三大类。清爽型注重低温发酵和充分熟化，酒体轻盈，适合夏季消费；醇厚型则保留更多麦芽成分，体现高原谷物的厚重感；特色风味型则添加藏红花、枸杞、青稞茶等特色原料，创造独特的风味体验。

（二）西藏天地绿色饮品的市场领导力

西藏天地绿色饮品发展有限公司是青稞啤酒标杆企业，旗下"西藏青稞啤酒"和"西藏啤酒"享有盛誉。公司产品已获国家原产地保护认证和拉萨名牌产品称号，销售网络覆盖北京、江苏、广西、四川等多个省市。该公司在青稞啤酒领域的领导地位主要得益于以下几个方面。

1. 资源优势

拥有西藏地区优质水源和高原青稞原料基地，原料品质保障突出。

2. 技术积累

引进德国先进啤酒设备和工艺，结合高原特殊环境，开发出适合高原青稞特性的啤酒生产技术。

3. 品牌建设

围绕"高原纯净""雪域珍酿"等核心概念，构建了鲜明的品牌形象，并通过世博会等重要场合指定用酒提升品牌知名度。

4. 产品创新

不断推出新产品，如高原青稞黑啤、青稞白啤、青稞IPA等，满足不同消费者需求。

5. 渠道拓展

通过"直营+经销商"模式，构建了覆盖全国主要城市的销售网络，并积极开拓电商渠道。

公司的"冰川纯生"青稞啤酒是2024年推出的创新产品，采用西藏冰川水和100%青稞麦芽酿造，无添加剂，定位高端市场，深受消费者欢迎，展现了企业在产品创新方面的实力。

（三）青稞啤酒市场的发展趋势

2024年，青稞啤酒市场呈现三大趋势。

1. 高端化

高原冰川水酿造的纯净啤酒受到消费者追捧，市场重心逐步从大众消费向中高端消费转移。主要特点包括：原料优选（如使用特定产区青稞、冰川水等）、工艺精细（如低温长时发酵、自然熟化等）和包装高档（如磨砂瓶、金属标签等）。这一趋势反映了消费者对啤酒品质要求的提高和支付能力的增强。

2. 创新化

多种青稞品种酿造的特色啤酒不断涌现，产品多样性显著提升。创新主要体现在以下几个方面。

（1）原料创新：使用不同品种青稞（如黑青稞、紫青稞等）和特色辅料（如藏红花、雪莲、枸杞等）。

（2）工艺创新：引入精酿啤酒工艺，如干投法、冷萃取等。

（3）风味创新：开发果香型、花香型、咖啡风味等特色产品。

（4）形态创新：发展生啤、瓶装、罐装、桶装等多种形态。

3. 文化化

结合藏族文化元素的包装和推广方式增强产品吸引力。文化元素的运用主要体现在以下几个方面。

（1）视觉设计：包装采用唐卡、藏文、藏族图腾等元素。

（2）品牌故事：结合青稞种植历史、藏族饮酒习俗等文化背景。

（3）消费场景：创造具有民族特色的消费仪式和体验环节。

（4）文化IP：开发与藏族传统节日、民俗活动相关的主题产品。

这三大趋势共同推动青稞啤酒从单一的饮品向文化体验产品转变，提升了产品附加值和市场竞争力。

（四）区域发展与产能扩张

除西藏外，青海省也在积极发展青稞啤酒产业。青海省海东市互助土族自治县建成了年产5万吨青稞啤酒生产线，这是青海省首个大型青稞啤酒生产基地。项目总投资2亿元，采用德国进口设备，生产的"互助青稞啤酒"已在青海、甘肃、宁夏等省区上市。该项目具有以下特点。

1. 区位优势

位于青稞主产区，原料供应充足，降低物流成本。

2. 技术水平

采用全套德国进口设备，实现全流程自动化控制，产品品质稳定。

3. 节能环保

引入先进的节能设备和污水处理系统，打造绿色环保生产基地。

4. 本土特色

结合互助土族特色文化，开发具有民族特点的产品系列。

该项目的建成投产，不仅增加了青稞啤酒的产能供应，也为当地农民提供了稳定的青稞销售渠道，促进了农业结构调整和农民增收，是产业扶贫的成功案例。

未来几年，随着消费升级和特色啤酒市场的扩大，青稞啤酒产业有望继续保持稳健增长，成为民族特色饮品市场的重要组成部分。

五、青稞茶

（一）青稞茶的定义与分类

2024年，青稞茶作为健康饮品新秀，市场需求持续攀升。青稞茶是以青稞籽粒为主要原料，经烘烤、焙炒等热处理制成的养生饮品，不含咖啡因，适合各年龄段消费者。

市场上青稞茶主要有两类：纯青稞茶和复配青稞茶。

纯青稞茶直接以青稞籽粒制作，主要有烘焙型、炒制型和微波型三种加工方式。烘焙型口感醇厚，香气持久；炒制型香气浓郁，口感较为浓重；微波型制作迅速，但香气较为单薄。工艺流程通常包括淘洗、干燥、粉碎、成型、焙炒等环节。

复配青稞茶则将青稞与其他功能性原料复配，形成功能各异的产品系列。常见的复配原料包括枸杞、黑枸杞、红景天、沙棘、菊花、玫瑰等。工艺流程为复配、浸泡、干燥、烘烤、包装，产品风味更加丰富。根据功能定位，复配青稞茶可分为养生保健型、气血调理型、美容养颜型和温润补养型等多种类型。

（二）青稞茶的健康功效及科学依据

研究证实，青稞茶富含水溶性酚类物质、膳食纤维、矿物质和美拉德反应产物，具有降血压、降血脂、护肝养胃和促进睡眠等多重健康功效。

1. 降血压降血脂作用

青稞茶中的β-葡聚糖和多酚类物质能够降低胆固醇吸收，抑制脂质过氧化，保护血管内皮细胞。多项临床研究证实，长期饮用青稞茶可使轻中度高血压患者血压下降5~10mmHg（mmHg为非法定单位，1mmHg=0.13kpa），总胆固醇降低5%~10%。

2. 护肝养胃功效

青稞茶中的黄酮类物质和多酚具有保护肝细胞、促进胆汁分泌和抗氧化作用，能够减轻肝脏脂肪蓄积，预防脂肪肝，而其中的可溶性膳食纤维则能保护胃黏膜，调节胃酸分泌，改善消化不良症状。

3. 促进睡眠作用

青稞茶中含有天然的γ-氨基丁酸（GABA），具有镇静安神作用，能够缓解焦虑情绪，改善睡眠质量。不含咖啡因的特性使其成为晚间理想的健康饮品。

4. 抗氧化抗衰老功能

青稞茶富含多酚、黄酮和美拉德反应产物等抗氧化物质，具有清除自由基、抑制脂质过氧化和保护细胞DNA的作用，有助于延缓衰老，预防氧化应激相关疾病。

这些科学依据为青稞茶的功能定位和市场推广提供了有力支持，增强了产品的科学可信度和消费者信任度。

（三）市场发展与产品创新

2024年，随着低咖啡因、功能性茶饮市场扩大，青稞茶迎来发展良机，多家企业推出针对特定功效的青稞茶产品，满足细分市场需求。西藏高原生物科技有限公司的"高原清茶"系列青稞茶是市场领先产品，包括原味青稞茶、青稞红景天茶、青稞黑枸杞茶等多种产品。该系列产品的创新点在于：

1. 原料筛选

选用海拔4000米以上的优质青稞，确保原料纯净度和功效成分含量。

2. 工艺创新

采用低温烘焙技术（160℃±5℃），最大限度保留活性成分，同时开发出β-葡聚糖提取强化技术，提高产品功效。

3. 风味优化

通过精确控制烘焙时间和温度曲线，形成独特的"高原麦香"风味特点，提升产品口感体验。

4. 功能定位

针对不同健康需求,开发特定功能产品,如添加红景天的"高原适应型"产品、添加黑枸杞的"养肝明目型"产品等。

青海省互助土族自治县"互助青稞茶"品牌则走有机认证路线,产品以有机生产方式为核心卖点,通过国际有机认证,进入高端健康饮品市场。该品牌产品采用海拔3000米以上高原有机青稞制作,不添加任何香精和色素,保留了青稞的原汁原味。产品远销日本、韩国等国家,年出口创汇可观,展示了青稞茶的国际市场潜力。

除了传统茶包形式外,青稞茶产品形态也在不断创新,包括速溶青稞茶粉、青稞茶颗粒、青稞茶压片等便携式产品,以及青稞茶浓缩液、青稞茶饮料等即饮型产品,满足不同消费场景需求。

(四)发展前景与市场预测

2024年,青稞茶市场呈现以下发展趋势。

1. 功能细分化

根据不同健康需求,开发针对性产品,如降压型、护肝型、助眠型等产品。

2. 融合创新化

与传统茶类、花草茶融合,开发青稞红茶、青稞绿茶、青稞花茶等新品类。

3. 形态多样化

从传统茶包向速溶粉、颗粒、饮料等多种形态拓展,满足不同饮用场景。

4. 渠道精准化

根据产品功能定位,针对性开发电商、药店、养生馆、健康管理中心等精准渠道。

5. 国际化发展

利用青稞的国际认知度和有机认证优势,积极开拓海外市场。

基于这些趋势,业内专家预测,青稞茶市场规模将保持25%~30%的年增长率,到2027年有望达到80亿元,成为特色健康饮品市场的重要组成部分。

六、青稞谷物饮料

（一）青稞谷物饮料的定义与标准

2024年，青稞谷物饮料成为饮料市场新热点。根据农业行业标准《绿色食品 谷物饮料》（NY/T 3901-2021）和《饮料通则》（GB/T 10789—2015），谷物饮料按成分可分为三类：谷物浓浆（谷物含量≥4%）、谷物淡饮（谷物含量1%~4%）和复合谷物饮料（含果蔬汁/乳/植物提取物）。

青稞谷物饮料是以青稞为主要原料，通过加工调配制成的液体饮料。根据加工工艺和产品特性，可分为以下几类。

1. 青稞谷物浓浆

青稞含量≥4%，口感浓郁，营养价值高，通常作为健康功能性饮品。

2. 青稞谷物淡饮

青稞含量1%~4%，口感清爽，易于大众接受，主要面向日常饮用市场。

3. 青稞复合谷物饮料

将青稞与果蔬汁、乳制品或植物提取物结合，形成风味独特、功能各异的特色饮品。

4. 青稞植物蛋白饮料

重点提取和保留青稞中的蛋白质成分，作为植物蛋白饮品，替代动物蛋白饮料。

（二）加工工艺及技术创新

青稞谷物饮料的加工方式多样，既可直接使用青稞原料调配，也可将青稞经过发芽、烘焙、酶解和发酵处理后再制成饮品。主要工艺路线包括：

1. 物理加工型

以物理破壁、研磨、提取为主要手段，保留青稞原有风味和营养成分。工艺流程通常包括：原料清洗→干燥→粉碎→水提取→过滤→均质→杀菌→灌装。这种工艺生产的饮料保留了青稞的原始风味，但悬浮稳定性较差，易产生沉淀。

2.酶解加工型

采用酶法处理青稞中的大分子物质,提高营养吸收率和溶解度。工艺流程为:原料清洗→干燥→粉碎→酶解处理→灭酶→过滤→均质→杀菌→灌装。这种工艺能够有效分解青稞中的植酸等抗营养因子,提高蛋白质和矿物质的生物利用度。

3.发酵加工型

利用乳酸菌、酵母菌等微生物发酵青稞,形成独特风味和功能特性。工艺流程为:原料处理→糊化→接种发酵→过滤→均质→杀菌→灌装。这种工艺不仅能够形成独特的酸奶风味,还能产生多种有益代谢产物,提高产品功能性。

4.复合调配型

将不同工艺处理的青稞基料与其他功能性原料复配,形成差异化产品。工艺灵活多变,可根据产品定位和特性进行个性化设计。

2024年,青稞谷物饮料生产技术取得多项创新,包括:

·超高压均质技术:采用300~400兆帕超高压处理,显著提高产品稳定性和口感均匀度。

·膜分离纯化技术:采用超滤、纳滤等技术,精确分离青稞中的功能组分,提高产品品质。

·微胶囊化技术:将青稞中的功能性成分进行微胶囊化处理,提高稳定性和生物利用度。

·低温瞬时灭菌技术:采用110~120℃,2~5秒的超短时灭菌工艺,最大限度保留产品风味和营养。

这些技术创新有效解决了青稞谷物饮料加工中的技术瓶颈,促进了产品品质和产业化水平的提升。

(三)青稞植物奶的市场突破

西藏奇正集团的青稞植物奶是2024年市场表现抢眼的创新产品,采用多重生物酶解技术,分解了青稞中的植酸等抗营养因子,提高了蛋白质吸收率。产品保留青稞自然麦香,口感顺滑醇厚,不添加糖、胆固醇和反式脂肪酸,完美契合健康饮食理念。奇正青稞植物奶的创新点主要表现在以下几个方面。

1. 原料选择

采用西藏昌都高海拔地区的优质青稞，原料纯净度高，功能成分含量丰富。

2. 多重生物酶解技术

通过复合酶系（包括蛋白酶、淀粉酶、植酸酶等）处理，实现青稞中大分子营养物质的精准分解，提高消化吸收率。

3. 蛋白质改性技术

通过特殊工艺处理，将青稞蛋白质大分子转化为小分子肽和氨基酸，显著提高蛋白质生物利用度和口感。

4. 独特风味构建

通过控制酶解条件和后期调配，形成"淡麦香+自然清甜"的独特风味，平衡了植物奶的豆腥味问题。

5. 无添加配方设计

产品不添加蔗糖、香精、稳定剂等人工添加物，通过工艺控制实现产品稳定性和风味平衡。

奇正青稞植物奶上市后迅速获得市场认可，不仅在直接消费市场表现优异，还与多家知名连锁咖啡品牌达成合作，作为植物基奶源供应商，大幅提升了产品知名度和市场覆盖率。2024年，该产品已形成原味、巧克力味和草莓味三大系列，覆盖更广泛的消费群体和消费场景。

（四）区域特色产品与市场创新

除西藏奇正外，其他地区也在积极开发青稞谷物饮料产品。青海循天然生物科技有限公司推出的"青藏印记"青稞米露系列饮品，采用低温发酵工艺，保留了青稞的营养成分，口感清爽，不添加防腐剂，在常温下可保存6个月。产品主要通过餐饮渠道销售，市场反响良好。

四川省甘孜藏族自治州的"康巴秘酿"青稞乳酸菌饮料是另一款创新产品，该产品将青稞与乳酸菌发酵技术相结合，具有调节肠道菌群的功效，成为青稞饮料市场的新星。

这些区域特色产品各具特点,共同丰富了青稞谷物饮料市场,为消费者提供了多样化选择。

1."青藏印记"青稞米露

主打清爽自然路线,采用低温发酵工艺,保留青稞原有风味和营养,定位日常饮用市场。

2."康巴秘酿"青稞乳酸菌饮料

结合乳酸菌发酵技术,主打肠道健康功能,产品酸甜适口,深受年轻消费者喜爱。

3."高山雪莲"青稞复合饮料

添加雪莲、枸杞等西藏特色药食两用原料,强调高原特色和养生功效,针对中高年龄消费群体。

4."藏地清泉"青稞谷物水

将青稞提取物与矿泉水结合,打造清淡型功能饮品,满足健康轻饮需求。

这些产品从不同角度诠释了青稞谷物饮料的产品可能性,共同推动了市场的多元化发展。

(五)发展趋势与前景展望

2024年,随着植物基饮料市场规模扩大,青稞饮料呈现功能定位明确、配方科学合理、口感持续优化的发展趋势,市场前景广阔。从行业发展趋势看,青稞谷物饮料有以下几个发展方向。

1.功能精准化

根据不同健康需求,开发针对性产品,如控糖型、肠道调理型、免疫增强型等,实现产品功能的精准定位。

2.植物蛋白化

随着植物蛋白饮料市场的快速增长,青稞蛋白饮料将成为继大豆、燕麦、杏仁之后的重要植物蛋白来源,特别是在对大豆过敏人群中具有独特优势。

3. 复合营养化

将青稞与其他谷物、坚果、果蔬等原料科学配伍，开发更全面的营养配比产品，满足"一杯多营养"的消费需求。

4. 发展便利化

开发即开即饮、便携包装产品，适应现代快节奏生活方式，拓展户外、办公、通勤等消费场景。

5. 文化体验化

深入挖掘青稞的文化内涵和高原特色，构建独特的品牌故事和消费体验，提升产品文化附加值。

基于这些发展趋势和市场表现，业内专家预测，青稞谷物饮料市场将以30%～40%的年增长率高速发展，到2027年市场规模有望突破50亿元，成为植物基饮料市场的重要组成部分。

第三节　青稞功效类产品的研发突破与市场拓展

2024年，随着科学研究深入和消费需求升级，青稞功效类产品迎来发展黄金期。青稞中β-葡聚糖含量是小麦的50倍，膳食纤维含量是小麦的15倍，这些成分对心脑血管疾病和糖尿病具有显著预防作用，同时能提高免疫力、调节生理节律并清除体内毒素。有色青稞富含的花青素则是公认的强效抗氧化剂和自由基清除剂。这些特性使青稞成为功能性食品的理想原料，2024年市场上的青稞功效产品呈现多元化、系列化和精深加工的特点，特别是在营养保健领域表现突出。

一、青稞低GI系列产品

2024年，随着《成人糖尿病食养指南（2023年版）》等权威指南推荐青稞作为控糖食材，青稞低GI产品市场快速扩张。食物血糖生成指数（GI）是反映食物消化吸收速率和餐后血糖响应的重要指标。研究表明,青稞的GI值仅为25,约为大米、小麦面粉的1/3,是谷物类控糖首选。这得益于青稞中抗性淀粉含量高、膳食纤维丰富,以及β–葡聚糖在肠道内形成的黏性溶液能延缓淀粉分解和糖类吸收。

2024年,青稞低GI系列产品种类持续丰富,主要包括面条、馒头、面包和饼干等主食类别。从配方设计到工艺优化,各类产品均取得显著进步,兼顾了营养功能和口感体验。

(一)低GI青稞面条

2024年,低GI青稞面条产品线进一步扩充。与普通面条相比,青稞面条GI值显著降低,有助于稳定餐后血糖波动。

低GI青稞面条通常采用青稞粉与小麦粉科学配比制作,既改善了青稞产品口感,又保持了低GI特性。生产工艺包括配粉、和面、挤压和晾干等环节,部分产品还添加多种谷物增强营养价值。市场上热销的青稞低GI多谷物面采用青稞粉、荞麦粉、燕麦粉、藜麦粉等复合配方,并添加谷朊粉、磷酸酯双淀粉等改良剂提升产品品质。不同品牌因配方和工艺差异,产品GI值和口感各异,为消费者提供了多样化选择。

(二)低GI青稞馒头

2024年,低GI青稞馒头市场需求显著增长。传统小麦馒头淀粉含量高,糊化程度高,易导致餐后血糖急剧上升,GI值较高,不适合血糖敏感人群。青稞馒头具有较低的GI值,制作工艺相对简单。基本流程包括青稞粉和辅料混合、加水搅拌、面团揉搓、分割成型、发酵和蒸制等环节。研究表明,添加适量改良剂可以改善低GI青稞馒头的弹性、咀嚼性和内部结构;适量酵母则能提高馒头疏松度和体积。

2024年,市场上的低GI青稞复合馒头,不仅营养丰富,多酚含量也高于黑藜麦和苦荞馒头,对预防氧化应激引起的慢性疾病具有积极作用,成为健康主食的新选择。

（三）低GI青稞面包

2024年，低GI青稞面包技术取得重要突破。青稞粉面筋含量低、淀粉含量高，制作面包难度较大。创新配方将青稞粉与小麦粉科学配比，调节了面团吸水率，提高了黏合力和凝聚力，使面团结构更稳定，降低了烘焙过程中营养成分的损失。

以青稞麸皮、谷朊粉、小麦麸皮为主要原料，经二次醒发制成的低GI青稞面包，膳食纤维含量高，饱腹感强，能有效稳定餐后血糖，适合血糖敏感人群。市场上已有使用黑青稞全麦粉（添加量>15%）制成的低GI吐司产品，获得国际低GI认证。

2024年，青稞面包行业借助去年世界面包大师赛冠军的影响力，进一步拓展了产品线和市场覆盖，成为低GI烘焙食品的代表。

（四）低GI青稞饼干

2024年，低GI青稞饼干市场呈现多元化发展趋势。传统饼干因含糖量高、热量高而不适合控糖人群，而青稞低GI特性为饼干行业提供了创新方向。

低GI青稞饼干通常采用高比例青稞粉，并复配小麦粉、燕麦粉、谷朊粉等辅料，营养丰富，香气浓郁，口感酥脆，适合作为早餐或零食。市场上已有多口味低GI青稞饼干，满足不同消费者的口味偏好。

2024年，随着控糖理念深入人心，低GI青稞饼干持续创新，成为健康零食市场的增长点。

二、青稞高纤粉

2024年，青稞高纤粉市场规模稳步扩大。青稞高纤粉以青稞富纤粉为原料，经膨化、超微粉碎等工艺加工而成，含有丰富的膳食纤维，是肠道健康的理想选择。

世界卫生组织建议每日膳食纤维摄入量为25~35克，而中国人均摄入量仅有13.3克。青稞高纤粉每包青稞含量达50%，还添加了大麦苗、菊粉等高纤维食材，膳食纤维含量是普通蔬果的数倍，少量摄入即可满足人体需求。此外，产品富含β-胡萝卜素、B族维生素、泛酸、叶酸和多种矿物质,营养价值突出。

奇正集团旗下的奇正青稞高纤粉(T-FIBER®)是市场领先产品,曾获第五届天然新势力创新原料之源创技术奖。2024年,该产品持续优化配方和工艺,保持了市场领先地位。

三、青稞β-葡聚糖产品

2024年,青稞β-葡聚糖产品研发取得新进展。青稞β-葡聚糖是一种主要通过β-1,3键和β-1,4键连接的线性多糖,广泛存在于青稞细胞壁中,占细胞壁干重的75%左右。研究证实,青稞β-葡聚糖具有降血脂、降胆固醇、平衡肠道菌群、增强免疫活性等多种功效。中国作物学会发现,产地海拔越高的青稞,其β-葡聚糖含量越高,使青稞成为优质β-葡聚糖资源。

(一)β-葡聚糖的提取工艺与应用开发

青稞β-葡聚糖产品主要从青稞麸皮中提取,工艺包括水解、提取、纯化、干燥和灭菌等步骤。提取方法有热水浸提法、碱提法、酶提法和微生物发酵法,可单独或联合使用。初提取的β-葡聚糖含有杂质,需通过酶解和吸附等方法提纯。

2024年,青稞β-葡聚糖广泛应用于功能性食品开发:添加到酸奶中可提高益生菌活力和稳定性;添加到低脂奶酪中能改善硬度和风味;添加到冰淇淋中可提高膨胀率、黏度和抗融性;添加到烘焙食品中可降低消化率、改善质地;作为食盐替代物添加到肉制品中能提高束水能力和感官品质。随着提取技术提升和应用研究深入,青稞β-葡聚糖产品在2024年市场表现亮眼,应用前景广阔。

(二)青稞β-葡聚糖的健康功效研究进展

青稞β-葡聚糖的健康功效基于其特殊的分子结构和物理化学特性。2024年,研究进一步阐明了其作用机制。

1.降血脂和降胆固醇作用

青稞β-葡聚糖能在消化道形成高黏度溶液,吸附胆固醇和胆汁酸,降低其肠道吸收率。同时，通过抑制肝脏胆固醇合成相关酶的活性，减少胆固醇的内源性合成。

2. 调节肠道菌群

作为优质可发酵底物，青稞β-葡聚糖经肠道菌群发酵产生短链脂肪酸，促进有益菌群如双歧杆菌和乳酸菌的生长，抑制有害菌繁殖，维持肠道微生态平衡。

3. 免疫调节

青稞β-葡聚糖能激活巨噬细胞和自然杀伤细胞，增强先天性免疫反应，同时促进抗体产生，加强特异性免疫防御能力。

4. 抗氧化作用

青稞β-葡聚糖具有清除自由基的能力，减轻氧化应激对细胞的损伤，延缓组织衰老。

这些研究成果为青稞β-葡聚糖功能性食品开发提供了科学依据，推动了产品创新和市场拓展。

四、青稞花青素提取物

2024年，青稞花青素提取物受到市场广泛关注。有色青稞（紫青稞、黑青稞）富含花青素，是天然抗氧化剂的优质来源。研究表明，青稞花青素具有强大的自由基清除能力，抗氧化活性是维生素E的20～50倍。

花青素提取技术是产品开发的关键。2024年主流提取方法包括：酸化乙醇提取法、超声波辅助提取法和超临界CO_2提取法。其中，超声波辅助提取技术因其高效、低耗、对活性成分保护性好等优势，成为行业首选。

青稞花青素提取物在食品、保健品和化妆品领域均有广泛应用。在食品中作为天然色素和抗氧化剂，在保健品中作为抗衰老、护眼明目的功能性成分，在化妆品中则用于抗光老化和皮肤保护产品。

第四节　青稞其他类型产品的多元化发展

2024年，青稞产品种类进一步丰富，除了主食、饮品和功效类产品外，青稞膨化食品、调味品等品类也呈现蓬勃发展态势。

青稞作为青藏高原传统粮食作物，在现代加工技术支持下，产品形态日益多样化。借助现代工艺，青稞原料可加工成饼干、面包、挂面等多种形式。随着健康饮食理念普及和轻食主义兴起，青稞膨化食品和调味品受到市场青睐，成为产业发展的新增长点。

一、青稞膨化食品

（一）青稞麦片：多元配方满足个性化需求

2024年，青稞麦片市场持续扩大，产品种类不断丰富。青稞麦片主要以青稞或多种麦类谷物为原料，添加或不添加辅料，经熟制和（或）干燥等加工制成，可直接冲调或加热后食用。

市场上既有纯青稞麦片，也有复合青稞麦片。纯青稞麦片包括青稞胚芽麦片、青稞片、低GI青稞脆片等，生产企业主要分布在西藏、青海和四川等地。复合青稞麦片则将青稞与燕麦、苦荞等谷物搭配，形成青稞燕麦片、苦荞青稞燕麦片、高纤青稞燕麦片等产品。

为增强营养价值和口感体验，部分企业在青稞麦片中添加藜麦、葡萄干、蔓越莓干、紫薯干、草莓干、牦牛奶粉、枸杞等多种配料，形成"一碗见五谷"的特色产品。市场活跃品牌包括藏天骄、青藏部落、藏晶、藏唤、君亲、颜茁记、食芳溢、欧扎克等。

2024年，青稞麦片生产工艺也取得创新：通过胶体磨进行多次胶磨，使料浆混合更均匀，油水充分乳化；采用微波干燥技术，保留青稞特有香味，提高产品漂浮性和水溶性，满足消费者对即食麦片的品质要求。

（二）青稞饼干

2024年，青稞饼干品种进一步丰富，市场接受度不断提高。除了传统的青稞蔓越莓饼干、青稞酥饼等基础产品，市场上还出现了结合地方特色资源的创新品类，如青稞牦牛乳雪花酥、青稞松茸饼干、青稞蕨麻饼等。

从不同人群需求出发，青稞蕨麻压缩饼干因便携性强、饱腹感好，受到旅行者、户外运动爱好者和加班族的欢迎。功能性青稞饼干如青稞高纤饼干、低GI青稞无糖饼干等，则满足了特定人群的健康需求。西藏德琴阳光庄园针对儿童营养需求开发的营养强化青稞曲奇饼干，富含钙、铁、锌等微量元素，获得了家长们的认可。

2024年，青稞饼干行业呈现健康化、功能化和特色化三大趋势，成为休闲零食市场的重要组成部分。

（三）青稞酥

2024年，青稞酥产品样式更加丰富多样。青稞酥的基本配料包括青稞粉、白砂糖、食用油和食用盐，根据不同工艺和配料搭配，形成了多种产品变体。

青稞蛋酥将青稞粉与鸡蛋混合，经搅拌、膨化后与熬制的食糖混合，添加干果、海苔等配料，成形后涂抹植物油烘烤而成。产品奶香浓郁，甜而不腻，口感酥脆。

市场上的青稞酥种类繁多，包括青稞酥、青稞蛋酥、青稞藏酥、藏乐酥、青稞脆皮酥、坚果青稞酥、青稞燕麦酥、青稞蛋苔酥等。各类产品添加了不同特色原料，如黑米、花生、糯米、红薯、紫薯、南瓜仁、桃仁、红枣等，形成了独特的口感和营养特点。

除了上述产品，2024年青稞膨化食品还增加了青稞爆米花、青稞麻花、青稞沙琪玛、青稞能量棒、青稞奶芙、青稞芝麻棒、青稞锅巴、青稞小蔬脆、青稞挞挞酥、青稞圈等多种形式，满足不同消费人群的需求。

二、青稞调味品

（一）青稞醋：特色调味品的健康升级

2024年，青稞醋市场呈现品质化、功能化发展趋势。青稞醋以青稞为原料，经蒸煮、糖化、酒精发酵、醋酸发酵陈酿而成，具有独特的清香风味，酸味柔和，保留了青稞的营养成分。

青稞红曲醋采用固态发酵工艺，无色素添加，成品色泽纯正、口感独特、功效齐全，富含 β–葡聚糖、γ–氨基丁酸、洛伐他丁、类黄酮等活性成分，兼具食用醋与保健醋的功效。

创新产品如以青藏高原青稞与玉米为原料，配以岷县当归、黄芪等名贵中药材酿制的归芪养生醋，营养丰富，色泽澄清透明，受到消费者欢迎。研究比较不同发酵方式的青稞醋发现，固态发酵青稞醋在抗氧化性、总酚含量、总黄酮含量和维生素C含量等方面显著优于市售特级醋、一级醋和二级醋，虽然固态发酵与液态发酵技术工艺不同，但所得青稞醋的醋酸含量相近。

2024年，青稞醋产业技术水平和产品品质进一步提升，市场规模持续扩大。

（二）青稞酱油

2024年，青稞酱油产业稳步发展。酱油是中国传统调味品，青稞因其独特的营养成分而成为理想的酱油原料。青稞蛋白质含量（平均11.31%）高于小麦、水稻和玉米，必需氨基酸含量丰富，用其替代小麦酿造酱油，不仅满足多样化口感需求，还增强了产品健康属性。

青稞中的活性成分有助于降低糖尿病、高血压、肝病和心血管疾病风险，使得青稞酱油成为兼具调味和保健功能的产品。2024年，低盐低钠型青稞酱油成为市场新宠，满足了特殊人群的饮食需求。

第六章

青稞产业发展效益评价

青稞作为涉藏地区特色产业，是藏族群众维持生计和发展致富的重要来源，对于促进农民增收、带动企业发展、推动区域经济发展、保障我国区域粮食安全、维护地方稳定等具有突出的战略意义，在生态和农业发展中的地位不可替代。

第一节　青稞产业发展指数和创新指数

一、青稞指数制定的背景

为更直观地反映青稞产业发展趋势，帮助政府部门监测产业发展状况、制定和调整产业政策，帮助企业通过产业指标来判断市场趋势、制定发展战略，帮助研究者通过产业指标来分析和预测产业的发展规律及未来走向，根据国家产业指标编制规则，研究制定了青稞特色优势产业发展指数。

青稞产业发展指数是一系列用于评估和衡量青稞产业发展状况的数据指标，是反映青稞产业发展状况的重要工具，能够反映产业的规模、结构、效益以及发展质量，对于促进产业的健康发展、优化产业结构、提高产业竞争力具有重要意义。

青稞产业创新指数是一套通过量化指标系统，科学评估、动态监测和综合反映青稞产业整体创新能力水平及其发展态势的综合性评价工具。该指数聚焦于青稞产业在年新增研发投入、新增专利、新增研发产品、新增培养人才等关键维度的投入强度、活跃程度、产出效率与实际成效。

二、青稞指数基准年及样本指标

（一）青稞指数基准年

青稞指数以2024年为基准年。

（二）青稞产业发展指数与创新指数样本指标

1. 青稞产业发展指数

（1）产业规模指标。

第一产业方面：种植面积、收获面积、年产量，初级农产品总产值，从业人数；第二三产业方面：年产业增加值、总产值、销售额、库存、就业人数等。用于衡量产业的总体经济规模。

（2）产业结构指标。

反映产业内部的构成情况，主要是初级农产品年产量，加工后的主要产品的量、占比等，用于评估产业的结构。如：青稞粉年加工量、青稞面制品年加工量、青稞休闲食品年加工量、青稞米产量，以及它们的比例、产业链上下游关系等。

（3）产业效益指标。

包括年销售额、年成本、年上缴税收、年利润、年资产收益率、年市场份额或占有率等，用于评估产业的经营成果和市场表现。

2. 青稞产业创新指标

一是新增生产能力指标，包括：新增固定资产投资额、技术改造投资额、年新增专利和新增研发品种、年新增生产量。二是创新建设指标，包括：年新增研发投入经费、年培养人才数等。用于衡量产业的长期发展潜力和竞争优势。

（三）指标的分值

1. 青稞产业发展指数的具体指标及分值

种植面积10分，年产量12分，种植业从业人数8分，年加工总产值12分，年销售额12分，加工销售就业人数8分，年上缴税收5分，年利润8分，年资产收益率6分，年新增资产投入5分，年研发经费投入8分，年申请专利6分。总计100分。

2. 青稞产业创新指数的具体指标及分值

新增固定资产投资额（含技术改造）18分，年新增研发投入经费18分，年新增专利16分，新增研发品种16分，年新增生产量16分，年新增培养人才数16分。

总计100分。

（四）青稞指数的计算

1. 青稞产业发展指数计算

按报告期下一年度20家样本企业的某一指标值总和与基期年2024年指标值总和进行对比，乘以对应分值，得出报告期样本指标值，最后对所有指标值进行加和，即为报告期产业发展指数。

例：2025年种植面积指标值 ＝（2025年种植面积/2024年种植面积）×种植面积权重分值10分

其他项指标参考计算

2025年产业发展指数 ＝ 2025年所有指标相加之和

2. 青稞产业创新指数计算

按报告期下一年度20家样本企业的某一指标值总和与基期年2024年指标值总和进行对比，乘以对应分值，得出报告期样本指标值，最后对所有指标值进行加和，即为报告期产业创新指数。

例：2025年新增固定资产投资指标值 ＝（2025年新增固定资产投资含技术改造总和/2024年固定资产投资含技术改造总和）×新增固定资产投资权重分值18分

其他项指标参考计算

2025年产业创新指数 ＝ 2025年所有指标相加之和

三、样本企业

通过调查问卷的方式，征集青稞主要产区样本企业20家，其中，西藏5家，青海7家，甘肃4家，四川3家，云南1家；按行业分类为种植和加工兼营企业15家，单一种植企业2家、单一加工企业3家。名单详见表6-1。

表6-1　中国青稞产业（2024）发展指数样本企业

1	西藏奇正青稞健康科技有限公司
2	西藏春光食品有限公司
3	西藏稞研农业科技有限公司
4	西藏桑旦岗青稞酒业有限公司
5	西藏旺达青稞食品有限责任公司
6	青海天佑德科技投资管理集团有限公司
7	青海青藏部落农牧开发有限公司
8	青海可可西里生物工程股份有限公司
9	青海金谷力藏血麦生物科技有限公司
10	青海高谷农业开发有限公司
11	青海省贵南草业开发有限责任公司
12	青海生态源物流服务有限公司
13	甘南藏族自治州扎尕那青稞酒业有限公司
14	碌曲县爱麦思特色农产品开发有限公司
15	甘南云端羚城食品科技有限公司
16	甘肃奇正实业集团有限公司
17	阿坝县高原黑青稞天然生物开发有限公司
18	甘孜密奇奇食品有限公司
19	成都翔云大地农业科技有限责任公司
20	迪庆香格里拉青稞资源开发有限公司

四、青稞产业指数

青稞产业发展指数以2024年为基准年，指数值为100。见表6-2。

表6-2　青稞产业发展指数

项目类型	序号	指标	权重分值	2024年汇总基准值	单位
产业发展指数	1.1	种植面积	10	64,840	亩
	1.2	年产量	12	30,031	吨
	1.3	种植业从业人数	8	20,358	人
	2.1	年加工总产值	12	44,047.51	万元

续表

项目类型	序号	指标	权重分值	2024年汇总基准值	单位
产业发展指数	2.2	年销售额	12	36,492.76	万元
	2.3	加工销售就业人数	8	852	人
	3.1	年上缴税收	5	1223.44	万元
	3.2	年利润	8	1,800.47	万元
	3.3	年资产收益率	6	7.98	%
	4.1	年新增资产投入	5	8,964.07	万元
	4.2	年研发经费投入	8	2,080.32	万元
	4.3	年申请专利	6	54	件
	小计		100	—	—

五、青稞产业创新指数

青稞产业创新指数以2024年为基准年，指数值为100。见表6-3。

表6-3　青稞产业创新指数

项目类型	序号	指标	权重分值	2024年汇总基准值	单位
产业创新指数	1.1	新增固定资产投资额（含技术改造）	18	7,642.55	万元
	1.2	年新增研发投入经费	18	2,553.73	万元
	1.3	年新增专利	16	27	件
	1.4	新增研发品种	16	81	个
	1.5	年新增生产量	16	16,843.84	吨
	1.6	年新增培养人才数	16	112	人
	小计		100	—	—

第二节 经济效益

一、促进农民增收

通过良种繁育、高标准农田建设、多元化产品开发等有力促进了青稞产业的发展,并有效促进了各青稞种植区农民增产、增收。

西藏农区家庭经营性收入的30%~40%来源于青稞。2024年,全区粮食产量达108.87万吨,其中青稞产量84.36万吨,再创历史新高;全区一产增加值215.01亿元,增长14.9%;全区农畜产品加工业总产值突破75亿元,增长25%以上;全区农村居民人均可支配收入19924元,增长9.4%,增速高出全国水平1.7个百分点。围绕农牧民收入"四大来源",推动出台促进城乡居民增收若干举措,每季度农村居民人均可支配收入增速均稳居全国前列。

2024年以来,青海省各青稞种植区以青稞产业为依托,围绕"农牧民增收、农牧业增产、农牧区稳定"的目标,深入贯彻落实《关于加快青海省青稞产业发展的实施意见》等相关决策部署。坚持以绿色有机为方向,深度研发青稞多元化功能,促进精深加工,开拓省内外市场,提高产业发展质量和效益。按照"政府引领、市场导向、龙头带动、科技支撑"的发展思路,2024年全省种植青稞播种面积约142.23万亩,较2022年增加3.195万亩,青稞产量26.96万吨,比上年增加3.5万吨,增长14.9%。其中黄南州种植青稞达6.54万亩、海北州种植青稞达28.35万亩,形成了"千亩青稞高产+百亩青稞攻坚"的基地发展模式,主推的昆仑14号、昆仑15号等昆仑系列青稞良种,大幅度提高了单产和品质,为夯实全省粮食生产安全贡献了"青稞力量"。以2024年9月第2周全省主要农畜产品价格周报青稞5.2元/千克,实现青稞产值14.02亿元,持续拉动农牧民群众增产增收。

在甘南藏族自治州,2024年国家乡村振兴重点帮扶县临潭县科技特派团打造了青稞良种繁育基地1000亩,在全县范围内种植青稞1.9万余亩,涉及11个乡镇47个村。开展青稞新品种提质增效技术集成培训500人次以上，累计建成青稞新品种甘青8号、甘青9号、甘青10号、甘青11号提质增效集成技术示范基地，生产青稞良种220吨。通过示范效应带动周边农牧民使用新品种、应用新技术，提高单产、增加总产，促进农民增收，产业增效。

二、带动企业发展

在国家政策支持下，涉藏地区大力发展青稞等特色产业，在完善产业链建设、加强品牌化发展、突破关键核心技术攻关等方面，有力促进了各青稞企业的发展。

一是不断完善产业链建设，有效促进企业青稞产业发展。在政府支持和政策引导下，青稞全产业链建设日益增强。青稞新品种选育、标准化种植、产品研发、品牌打造、产品销售和文化挖掘等全产业链共同发力，逐步形成青稞种植—初加工—精深加工—科技研发—品牌建设—销售全产业链发展格局。各青稞加工企业相继完成集约化种植、精深加工、产品研发、品牌推广等产业体系建设。以青海大垚生态农业科技发展有限公司为例，该公司围绕青稞全产业链建设，青稞产量有望达到2.2万吨以上，有力促进了一二三产业深度融合发展。

二是不断加强品牌化发展，有力推动企业扩大青稞品牌影响。截至2023年，青稞区域公用品牌共5个，企业品牌13个，产品品牌97个，其中青稞酒类68个，青稞主食类5个，休闲类青稞食品12个，青稞品种12个。"西藏青稞"成功入选国家 2022年农业品牌精品培育计划，西藏自治区山南市隆子县被确认为"世界最大黑青稞种植基地"。品牌的建设和发展不仅有力地推动了企业的影响力，带动了企业发展，还为西藏、青海等涉藏地区的地方经济、就业安置和旅游发展贡献了重要力量。

三是不断突破关键核心技术攻关，有效带动企业提升青稞科技发展水平。近年来在广大青稞科技工作者的努力下，不断突破青稞品种选育新技术、青稞绿色高产高效栽培新技术、青稞智能机械化新技术、青稞精深加工与智能制造技术、青稞精准营养与个性化定制技术等关键核心技术，围绕青稞预处理及制粉装备提升、新型青稞产品创制、青稞产品生产规范等深加工过程中面临的关键技术问题进行攻关和转化落地。在"青稞精深加工技术与系列产品研发及产业化"项目等产学研合作下,相继推出青稞米、青稞饮料、青稞挂面、青稞面包、青稞麦片、青稞黑醋、青稞酵素饼干等多样化的食品。青稞胚芽萌动技术生产线投产与青稞饼干生产设备、青稞麦片生产线等现代化机械进入生产车间,使得青稞加工走向自动化、智能化,有效推动了青稞各企业深加工的高质量发展,促进了科技水平的提升。

三、推动区域经济发展

青稞产业作为青藏高原地区优势产业和特色农业,对推动当地区域经济发展起重要作用,主要表现在以下几个方面。

一是依托青稞产业,打造省级(区级)龙头企业或合作社示范区,有力促进区域经济发展。以西藏自治区为例,2024年,西藏自治区新增自治区级龙头企业12家、国家级农牧民合作社示范社40家。遴选打造龙头企业亮点示范14家,农牧业招商引资签约项目19个、协议资金27.34亿元。全区绿色食品、有机农产品、农产品地理标志和名优特新农产品总数达301个,首次创建4个全国有机农产品基地,新增获批创建优势特色产业集群1个、国家现代农业产业园1个、农业产业强镇5个。随着山南市扎囊县高原有机果蔬农业科技园区于2023年9月通过自治区级农业科技园区的认定,西藏农业科技园区建成总数已达14家。其中,国家级农业科技园区4家、自治区级农业科技园区10家。经过20余年的发展,西藏自治区农业科技园区数量和规模得到显著提升。14家农业科技园区不仅覆盖了西藏的主要农业区域,而且成为雪域高原农业科技成果转化的重要平台。以拉萨国家农业科技园区为例,该园区于2003年批复建成,是第二批国家级农业科技园区。该园区紧紧围绕西藏自治区"三大经济区、七大产业带"建设,开展农牧业技术示范推广和科技服务,同时依托各级各类科技项目,先后在58个县(区)开展农作物、园艺、畜禽及牧草新品种新技术示范推广、农牧民技术培训、科技扶贫和科技咨询服务,辐射范围占全区的79.45%,

有效推动当地经济发展，促进西藏农牧业现代化发展。

二是依托青稞产业，带动旅游和相关产业发展，为区域经济发展赋能。以青海为例，2015年，天佑德作坊工业旅游项目正式运营，青稞博物馆、酒道馆、青稞酒品酒体验馆等工业旅游项目充分展示了青稞酒传统酿造技艺以及产品研发、技术创新、工艺传承等内容。此外，青海各青稞加工企业以青稞产业为依托，同时发展枸杞、油菜、玉米、土豆等特色产业。青海省作为全国重要的枸杞种植区和有机枸杞生产基地，是名副其实的有机枸杞故乡，年产量近9万吨，拥有青海枸杞"柴达木""神奇柴达木"等区域公用品牌，其中，"柴达木"枸杞品牌价值达92.5亿元，产品远销30多个国家和地区。

第三节　社会效益

一、保障区域粮食安全

涉藏地区的粮食安全，就是确保青稞安全，保障了青稞安全，涉藏地区的和谐稳定发展就有了坚实的基础，同时对于促进涉藏地区经济社会发展和社会局势持续稳定、全面稳定、最终实现长治久安具有重要作用。青稞是其他粮食和食品不可替代的青藏高原地区特有的粮食作物，广大藏族同胞长期以来养成了以青稞磨制的糌粑作为主食的生活习惯。一旦青稞生产发生问题，将存在难以调剂和需求刚性的困境。因此，青稞综合生产能力的提高是该地区经济发展的基石和社会稳定的基础。实施青稞全产业链发展，强化农田基本建设，坚持藏粮于地，夯实农牧业发展基础，确保青稞供给安全，无论是从政治上还是经济上都具有重要的现实意义和深远的历史意义。

2024年以来，西藏自治区全面落实粮食安全相关政策、全方位筑牢粮食安全屏障，坚决扛稳粮食安全政治责任，落实藏粮于地、藏粮于技，努力稳定粮食种植面积，有效保障区域粮食安全。全年全区青稞产量超过80万吨，青稞良种覆盖率超过90%，青稞安全的基础更加稳固。为了调动农民种植青稞的积极性,西藏进一步健全完善农民粮食收益保障机制。充足的地方储备是保障区域粮食安全的"第一道防线",根据全区经济社会发展形势变化,自治区适时调整优化储备规模、品种结构、区域布局,建立了一定数量的动态应急储备粮和成品粮油储备,区、市、县三级储备体系进一步健全完善,储备库点覆盖全区74个县,地方储备物质基础不断夯实。同时,社会储粮能力持续增强,农户库存粮食和企业商品粮库存均有所增加。建立了辖区内中央与地方储备协同运作机制,实现了功能互补、信息互通、调控互动,充分发挥了两级储备"调控市场、平衡供求、稳定粮价"的协同效应。

"十四五"期间西藏将持续完善青稞现代种业体系,抓住农业种质资源普查的契机,加强青稞种质资源保护与利用,加快育种进度,加大新品种(系)示范推广力度,进一步发挥良种的增产增效作用;加大高标准农田建设力度,实施耕地质量保护与提升行动,不断提升耕地质量水平;继续抓好绿色高质高效行动,绿色高质高效年示范面积稳定在190万亩,病虫害损失控制在5%以内,绿色防控率达到30%以上;强化政策支持,推动国家优惠政策进一步向青稞主产县(区)聚集,项目投入向主产县(区)倾斜,技术服务向主产县(区)延伸。

2024年,甘肃省甘南州粮食播种面积72.2万亩,总产量12.59万吨,其中青稞播种面积28.4万亩,产量4.5万吨,平均亩产158.57千克,占全州粮食作物播种面积的39.3%,占粮食产量的35.3%,在全方位推进青稞产业高质量发展、促进青稞增产提质、助力全面推进乡村振兴、保障粮食安全中起着重要作用。

2024年,云南省迪庆州青稞种植面积6.63万亩,总产量1.29万吨,平均单产194.57千克/亩,占全年粮食作物总播种面积的10.2%,占全年粮食作物总产量的7.57%;青稞收购价4~5元/千克,实现青稞产业农业产值3534万元,同比增长5.9%,为迪庆涉藏地区粮食安全、社会和谐稳定、助推精准脱贫和乡村振兴作出了积极的贡献。青稞产业的持续发展,对于保障涉藏地区粮食安全、落实治边稳藏至关重要。

二、推动文化发展

青稞作为我国藏族人民的主要食物和藏族文化的重要载体，对于藏文化的传承具有重要意义。青稞是文化的象征，在西藏众多的节日中，开耕节、望果节等都与青稞息息相关。西藏地区的开耕节期间，人们穿着盛装，高举青稞酒，举办各种传统娱乐活动，祈祷一年风调雨顺，在田间地头举办开耕仪式。在春耕仪式现场，村民们敬青稞酒、献哈达，载歌载舞，将独属于高原人民春耕的仪式感直接拉满。望果节是国家级非物质文化遗产之一，在每年藏历七、八月青稞成熟的时候举办，象征着果实丰收。每年此时，西藏各地区以"农民丰收节"为契机，搭建展示农民风采的特色平台，开展赛马、射箭、歌舞、藏戏等乡村特色浓郁、农民喜闻乐见、群众广泛参与的丰收盛会。其间，各地市、县区以突出弘扬民俗文化为载体，把"农+文+旅"融入"金秋第一镰"的全过程，采取文艺表演、科技宣传、推介良种、特色农畜产品展示等多种方式，进一步丰富盛会内容。一年一度的望果节是民俗的结晶，在今天倡导文旅融合的背景下，其作为综合性节日是集中展示地方社会形象的极佳平台。

青稞酒对促进民族文化交融、技艺传承、民族融合等也发挥了重要的推动作用，已经融进青藏高原方方面面。小小的青稞酒就是青藏高原自然环境、人文宗教、历史文化的集合体，也是青藏文化的浓缩。在中国白酒非物质文化遗产保护、传承和推广工作等方面，青稞着力推进酒文化的挖掘、梳理和传播，为中国白酒文化的传承创新作出了良好示范。2024年，天佑德青稞酒公司以"一祖十贤"为代表的天佑德青稞酒文化运营案例荣获"中国酒业文化运营经典案例"。同时以青稞酒为内容，建成青海5A级景区之一——互助土族故土园，为传承和发扬青海青稞酒传统酿造技艺及青藏特色民族文化、传承非物质文化遗产提供了极为重要的平台。各地区举办的青稞酒文化旅游节等相关活动，也让世界各地游客感受到了当地的民俗风情，促进了青稞文化的传播。此外，青稞文化馆的兴建也为青稞文化的传播注入强劲动力。以西藏自治区日喀则市青稞博物馆为例，该馆于2021年10月18日正式开馆。博物馆占地面积1570.34平方米，建筑面积2400平方米，是集科普、文化和现代化功能于一体的专题博物馆，也是全国第一座以"青稞"为主题的国有博物馆。该馆系统地展示了青稞的起源、传播、发展和未来，诠释了源远流长的农耕文明和青稞文化。馆内藏有涉及青稞的唐卡、炭化粒、书籍、农具、种子、陶罐、石器、农耕器具等产品约460件，并不断在丰富和发展中。目前青稞博物馆参观人次达1万余人次，向世界各地游客、我国干部群众及学生等展示了西藏青稞文化以及日喀则世界青稞之乡的品牌，焕发出了西藏的特色文化魅力。西藏青稞文化让更多的人了解了西藏的悠久历史，展现了西藏青稞历史文化发展的脉络和极富民族特色的青稞文化，体现了各个时期西藏地方与祖国血浓于水的关系，彰显了各族群众交往、交流、交融的传承发展。

三、促进科技水平提升

青稞产业的发展对科技的促进作用主要体现在以下几个方面。

一是助力品种选育与更新迭代。种子是农业生产中最重要的生产原料，是现代农业发展的核心要素，是发展新质生产力的重要领域。农作物产业发展的关键就是良种的培育及繁育推广，而青稞产业发展的兴旺首先就要在种子上做文章。甘南藏族自治州农业科学研究所成立后，先后征集3023份大麦（青稞）种质资源，保存甘肃省大麦（青稞）种质资源307份，选育出甘青系列青稞新品种14个并相继在生产中大面积推广种植。其中，2003—2016年通过全国小宗粮豆品种鉴定委员会鉴定定名的青稞品种7个，占全国国审品种的78%以上，实现了甘南州青稞品种的第4次更新换代，并制定了《甘南州青稞丰产栽培技术规程》等甘肃省地方标准11项，为青稞标准化、规范化种植提供了科技支撑。

此外，通过良种繁育基地及高标准农田建设，青稞新品种引进、繁育、推广，并通过种子加工、包衣技术等，提高种子科技含量，扩大良种的覆盖面。2022—2024年甘肃省投资共计589万元建设青稞原种良种繁育基地24000亩，亩均产量可达200千克，总产达480万千克。为保障青稞原种良种繁育基地建设质量，达到预期建设成效，基地建设采用集中连片、统一播种、统一防治、统一管理的方式，进一步保障了建设的规范化和标准化。通过种子补贴推广甘青 4号、甘青8号、甘青9号、甘青11号等优良品种，有力推进青稞产业高质量发展和种业体系建设，充分发挥了良种增产作用。

二是推进区域机械化水平提升。部分青稞种植区通过引进高新技术和先进农业管理理念，进一步提高青稞的耕种水平和科技含量。如西藏自治区日喀则市桑珠孜区示范区通过青稞全程机械化种植技术的优化与应用，推动了青稞标准化种植管理水平的提档升级。示范区抓住青稞收获的最佳时机，充分利用大马力机械优势，采取"割联结合"的收获作业方式，保质保量地将青稞全部收获在高产期。2024年，示范区利用先进的植保无人机为当地村民无偿开展施肥、洒药作业，代管作业耕地4700余亩，并通过传帮带，使这一技术在当地推广应用，辐射面积达10万余亩，真正让"藏粮于技"战略落地见效，为青稞丰产丰收夯实了基础。

三是促进基础研究与应用研究并进，突破关键技术难题。青稞产业研究依托基础与应用研究并进、院企科研联动、技术创新与软科学结合，提升以青稞为代表的高原特色农牧业研究水平、研究能力，以科技创新引领青稞产业水平取得突破性进展，促进青稞产业的提质增效，服务于国家重大生态战略，为确保青藏高原粮食安全、推进乡村振兴和绿色有机农畜产品输出地建设提供技术支撑。青稞产业研究针对产业发展需求和关键技术瓶颈，以实现多样化、健康化、方便化加工为目标，发挥青稞平台功能，强化品质评价，改良青稞口感和关键产品稳定性，构建加工适宜性评价体系，为青稞产业发展提供体系保障。同时，突破了青稞高效制粉、青稞粉类稳定化、青稞高值产品绿色加工、功效成分综合利用、生物功效解析等关键技术难题，为青稞产业发展提供了技术保障。

四是推动生产要素与大数据服务体系融合。以西藏自治区为例，西藏自治区日喀则市青稞产业大数据中心自建立以来，推出18项涉农服务，实现3万余亩制种基地数字化管理，打通了日喀则市农业农村局9套涉农系统27类数据。以数字化方式办理颁发了西藏第一批农机驾驶牌照，将卫星遥感、物联网、大数据、云计算等信息技术同特色农牧主导产业提质升级紧密融合，推动青稞产业大数据服务体系、数字化青稞种植应用示范基地、数字青稞标准化生产经营体系的建设，为全产业链的数字化转型升级、全域推广服务奠定了基础，有效促进了青稞产业科技水平和产业种植加工高质量发展。2023年9月，《西藏日喀则市青稞产业大数据中心建设》入选农业农村部"2023年智慧农业建设优秀案例"。

在广大青稞科技工作者的共同努力下，我国青稞科技总体水平明显提高，青稞加工技术的创新作用日益凸显，新产品不断增加，为产业规模经济效益的平稳增长、产业规模集约化水平的提高、产品结构及质量安全水平的改善以及现代粮食产业体系的构建提供了有效支撑。"农业+新质生产力"在政策引领、科学部署、多方推动之下，终将激发无限潜能，成为连片的"风景"，为农业强国注入新动能。

四、助力乡村振兴

近年来，随着青稞种子繁育基地、青稞商品粮生产基地和青稞加工专用原料生产基地建设力度的不断加大，青稞优良品种和实用技术得到广泛推广和应用。青稞产业在高寒地区乡村振兴中显示出了独特的优势和特点，已成为巩固脱贫攻坚成果和乡村振兴的优选产业。

据统计，2024年，西藏自治区以青稞加工为主的龙头企业达到37家。随着乡村振兴战略的深入实施，各青稞加工企业时刻把乡村振兴作为自身发展的使命与责任，积极探索农产品产销对接新模式。通过开展"公司+合作社+农户"模式，以高于市场价格订单式收购青稞，有效促进了当地农村青稞种植户实现增收。以西藏德琴阳光庄园有限公司为例，其在青稞加工技术、加工规模、研发实力、带贫机制等方面成为西藏和四省涉藏地区的农业龙头企业，并已成功带动当地2000余名贫困人口顺利脱贫。

青海省委、省政府高度重视青稞产业发展，并将其列为全省农牧业十大特色产业之一。在坚持有效保障口粮的同时，大力发展青稞精深加工业，力争实现青稞产业高质量发展新突破，带动农牧民脱贫增收。以青海大垚生态农业科技发展有限公司为例，为提高市场竞争力，更好地带动贫困地区农牧民增收，近年来，青海大垚全力布局青稞全产业链项目建设，改善和提升项目区青稞产业生产条件，提高效益产出水平，推进青稞产业向"高产、优质、高效"发展跨越。青稞全产业链项目建设实施后，青海大垚青稞种植基地面积将达到10万亩，人工饲草收贮、加工机械化水平进一步提高，可直接带动农户2000户，户均年纯增收3000元以上，新增就业岗位300人，社会经济效益显著。

全面建设社会主义现代化国家，实现中华民族伟大复兴，最艰巨最繁重的任务依然在农村，最广泛最深厚的基础也依然在农村。推进中国式现代化，必须坚持不懈夯实农业基础，推进乡村全面振兴。青稞产业的持续发展，有利于保障我国涉藏地区粮食安全、推动乡村产业高质量发展、促进藏族群众就业增收，助推青藏高原地区实现乡村振兴。

第四节　生态效益

一、助力乡村治理

各青稞种植区依托青稞产业，学习运用"千万工程"经验，因地制宜、分类施策，将地区优势和青稞等特色产业转化为发展胜势，形成产业兴、百姓富、环境美的良好局面，助力乡村治理。

2024年，西藏自治区以产业发展为先驱，为乡村治理"壮骨"。依托青稞等特色产业优势，完善配套设施，对青稞等优势产业进行提质增效，提升产业增值空间，带动群众增收致富。在发展青稞产业的同时，一是严格落实"一控两减三基本"农业面源污染防控措施，化肥、农药使用实现减量增效，畜禽粪污、秸秆综合利用率分别达到92%、96%以上，废弃农膜回收率达到88%，受污染耕地安全利用率达92%以上，确保青稞等优势作物产地源头安全；二是扎实推进乡风文明治理,深入实施"1+3+N"工程建设,常态化开展乡村人居环境整治十项行动,合理规划青稞耕地,稳步提升全域景观颜值;三是依托青稞等优势作物产业,深化农村土地制度改革,启动第二轮土地承包到期后再延长30年整省试点,深化集体产权、集体林权、农垦、供销社等改革,促进新型农村集体经济发展。此外,《西藏自治区农作物病虫害防治办法》《山南市农牧区人居环境治理条例》于2024年3月起施行,为全面推进人居环境整治行动,进一步改善人民群众生产生活环境提供了强有力的法治支撑。

各青稞种植区以青稞等优势作物为产业依托,以"创新乡村治理,促进乡村振兴"为目标,推进青稞产业发展的同时,不断加强和健全乡村治理体系,夯实乡村治理基础,筑牢乡村有效治理的基石,循序渐进、久久为功,有效地提高了乡村治理水平。

二、促进生态改善

青藏高原地理环境与气候特殊,需要在经济发展过程中加强对环境的保护。绿色循环经济可以在实现经济增长的同时保护生态环境,可以实现资源、环境、区域经济发展和人口就业问题的可持续协调发展。在生态文明背景下,青稞产业采用可持续的生产方式与技术,提高资源利用效率,减少污染排放,从而降低对环境的影响,有效促进生态改善。主要体现在以下几个方面。

一是节省食物加工中燃料的使用,有利于保护植被生态。青稞种植区普遍生态环境脆弱,气压低难以熬煮食品,农牧区燃料缺乏,青稞炒制后即食即用,有利于节省食物加工中的燃料,促进保护植被生态。

二是提高产量,实行退耕还草,壮大生态建设工程。以西藏自治区为例,其作为青藏高原的主体,坚持绿色高质量发展符合将青藏高原打造成全国乃至国际生态文明高地的要求。2023年11月召开的西藏全区生态环境保护大会提出,"加快构建绿色低碳发展方式,持续优化国土空间发展格局,加快形成绿色低碳产业体系"。在青稞产业方面,通过青稞新品种和高产高效栽培技术的推广应用,使青稞生产水平明显提高,进而促使部分劣质的边际耕地有效退出农耕体系，退耕还草，从而壮大生态建设工程，助力生态改善。

三是扩大了饲料饲草来源，减轻草场载畜负荷。青稞秸秆作为涉藏地区牛、羊等牲畜的优质饲料，有效减轻了草场载畜负荷。青稞产量的提高还伴随综合生物产量的同步增长，扩大了饲料饲草来源，进一步促进了生态工程建设的顺利进行和生态区域植被的就地保护。

四是深化青稞全产业链建设，有效促进生态治理。以青海省为例，青海省积极引导区域内青稞加工企业开展青稞的生态种植、绿色加工，深入实施青稞全产业链建设，以生态和品牌统领产业高质量发展。青稞种植基地的生态效益，一方面表现在提高植被覆盖度，增强保水固土能力。通过流转荒滩地，植被覆盖度由30%~40%提高到95%~100%，以起到保水固土作用。据资料统计，种植青稞的土地在大雨状态下，可减少地表径流47%，减少冲刷量77%，保持水土能力比其他作物农田高5倍。另一方面表现在改良土壤，培肥地力。青稞根具有较强的固氮作用，长期做好青稞种植，有利于恢复土壤肥力。围绕粮食安全保障和质量兴农战略、盐碱地荒坡地退化地修复改良，青海省积极打造国家生态粮草蔬菜基地产业园项目，在土地退化、盐碱荒漠化较严重的德令哈等地区开展实施土地修复改良建设国家生态粮草蔬菜基地产业园项目，以生态粮草蔬菜种植进行土地改良和地力提升，实现高标准农田建设，有效解决困扰现代农业发展最为基础的土地质量提质升级难题，实现生态治理。

第五节　总体评价

2024年以来，青稞各种植区深入贯彻习近平新时代中国特色社会主义思想，深入贯彻落实党的二十大和二十届三中全会精神，全面落实党中央、国务院各项决策部署，青稞产业在种植、加工和销售等各环节都取得了不错的成绩，并在保障区域粮食安全、推动乡村产业高质量发展、促进藏族人民群众就业增收、助推涉藏地区实现乡村振兴等方面作出重大贡献。

青稞在青海、西藏、甘肃等地区种植面积广泛,具有重要战略地位。企业投资建设了现代化的青稞加工厂,生产出各种青稞制品,在国内外市场上备受青睐,销量稳步增长,满足了市场需求。青稞产业的发展不仅带动了当地经济的发展,还促进了农村产业结构调整和农民增收致富。青稞产业的发展需要大量的劳动力参与种植、生产和加工过程,因此能够创造大量的就业机会,带动当地农民增加收入。作为一种重要的农产品,青稞的增产和增值可以有效提高当地农民的收入水平,改善农村居民生活品质。此外,青稞产业的发展,还能带动相关产业链的发展,促进地方经济的繁荣和社会稳定。

作为传统的高原作物,青稞在改善高原环境,助力乡村治理,促进生态平衡和可持续发展等方面具有重要作用。青稞具有较强的生态适应性,能够在高寒、干旱、高原等恶劣环境条件下生长,有利于改善土壤环境,减少对土壤的耕作和施肥依赖,减少土壤侵蚀和土壤贫化,有利于保护水源地,减少水土流失,有利于维护和改进高原生态环境,提高生态环境质量。青稞作为一种优美的高原景观作物,具有一定的观赏价值,有助于丰富和美化生态环境,提升区域的生态旅游吸引力。涉藏地区的青稞文化历史悠久,通过发展青稞产业可以传承和弘扬当地的民俗文化,保护传统农业文化遗产。

总的来说,青稞产业的发展对于涉藏地区经济的促进和农民生活水平的提高都有着积极的影响,是一项具有潜力的产业。青稞产业的发展对当地社会经济发展、环境保护和文化传承都有积极的促进作用,可以实现经济效益、社会效益和生态效益的良性循环。因此,应进一步深入推进青稞产业发展,推进青稞绿色高产创建示范,提高青稞单产水平;加强农业生产合作社组织水平与经营能力,引导农民将土地流转到生产基地,进行专业化生产的同时严格保证青稞品质;充分发挥加工企业的市场带动作用,深度挖掘青稞的营养价值与功能特性,开发技术含量高、附加值高、精深加工度高的优质营养保健产品,满足市场日益增长的对绿色、安全、健康、营养的高原青稞产品需求。

第七章

青稞产业发展趋势与对策

第一节 存在主要问题

青稞产业作为青藏高原地区特色优势产业，近年来在保障区域粮食安全、促进农牧民增收等方面发挥了重要作用。然而，随着国内外市场环境变化、居民消费需求升级及产业自身发展瓶颈的凸显，青稞产业仍面临一系列深层次问题，亟待通过系统性改革和创新突破加以解决。

一、产业链条短且精深加工不足导致附加值偏低

青稞产业链条短、产品结构单一、精深加工不足、产品附加值低的问题依然突出，未能充分释放青稞的潜在价值。当前，青稞产业主要集中在初级农产品的生产和销售环节，如青稞米、青稞面等。这些产品的技术含量和附加值相对较低，难以满足消费者日益增长的多元化、个性化、功能化需求。深加工产品，如青稞啤酒、青稞保健品、青稞功能性食品等，虽然具有较高的附加值和市场潜力，但市场占有率仍然较低，未能形成规模效应。这种"头重脚轻"的产业结构，导致青稞产业的整体效益不高，难以支撑当地经济的快速发展。更重要的是，未能充分挖掘和利用青稞所蕴含的丰富营养成分和健康价值，错失了在健康食品市场占据有利地位的机遇。此外，青稞副产物如秸秆、麸皮等的综合利用水平较低，未能实现资源的最大化利用，造成了资源浪费和环境压力。

二、科技创新能力薄弱制约产业提质增效

科技创新能力薄弱、良种繁育体系不健全、种植技术相对落后，制约了青稞产业的提质增效和可持续发展。青稞品种改良缓慢，高产、优质、抗逆的新品种推广力度不够，导致青稞产量和品质难以显著提升。目前，青稞种植仍以传统品种为主，这些品种的产量较低，抗病虫害能力较弱，难以适应现代农业发展的需求。同时，青稞种植、加工环节的机械化水平较低，生产效率不高。由于

青藏高原地区地形复杂、气候恶劣,机械化生产面临诸多挑战。然而,缺乏先进的农业机械和加工设备,使得青稞生产的劳动强度大、生产效率低,难以满足市场需求。更重要的是,青稞产业的科技创新能力不足,缺乏自主知识产权的核心技术,导致青稞产品的竞争力不强。良种繁育体系不健全,导致良种供应不足、质量不稳定,影响了青稞的产量和品质。种植技术相对落后,导致青稞的产量和品质难以达到最佳水平。

三、品牌建设滞后与市场营销能力不足

品牌建设滞后、市场营销能力不足、市场竞争力不强,制约了青稞产品的市场拓展和价值实现。青稞品牌数量较少,知名度不高,难以形成品牌溢价。目前,市场上销售的青稞产品大多以散装或贴牌形式出现,缺乏具有影响力的知名品牌。这种品牌缺失的现象,导致青稞产品难以与其他农产品区分开来,消费者对青稞产品的认知度和信任度较低。同时,部分企业缺乏品牌意识,产品包装设计粗糙,营销手段单一,难以吸引消费者。这种品牌建设的滞后,严重制约了青稞产业的市场竞争力,使得青稞产品难以在激烈的市场竞争中脱颖而出。市场营销能力不足,导致青稞产品难以有效拓展市场。缺乏专业的营销团队和营销策略,则使得青稞产品难以进入主流市场。

四、市场流通体系不畅阻碍产品价值实现

市场流通不畅、销售渠道狭窄、物流成本高昂,制约了青稞产品的市场拓展和价值实现。青稞产区交通不便,物流成本高,导致青稞产品价格上涨,影响市场竞争力。青藏高原地区地处偏远,交通基础设施相对落后,物流运输成本较高。这种高昂的物流成本,使得青稞产品的价格居高不下,难以与其他地区的农产品竞争。同时,市场信息不对称,供需信息难以有效对接,导致青稞产品滞销或价格波动。由于缺乏有效的市场信息平台,青稞生产者难以及时掌握市场需求,导致生产盲目性增加,容易出现产品滞销或价格波动的情况。此外,青稞产品的销售渠道较为狭窄,主要集中在传统的农贸市场和超市,缺乏新兴

的销售渠道，如电商平台、社区团购等。

五、人才匮乏与专业化服务缺失限制可持续发展

人才匮乏、专业化服务体系不健全、产业组织化程度低，制约了青稞产业的可持续发展。青稞产业需要既懂农业技术、又懂市场营销、还懂企业管理的复合型人才。然而，目前青稞产业缺乏高素质的专业人才，难以支撑产业的快速发展。同时，由于青藏高原地区经济发展相对落后，人才流失现象较为严重，难以吸引和留住优秀人才。专业化服务体系不健全，导致青稞生产缺乏技术指导、市场信息、金融支持等服务。产业组织化程度低，导致青稞生产分散、规模小，难以形成规模效应和市场竞争力。

第二节　主要原因分析

青稞产业现存问题的形成具有多重复合性，既受自然条件与历史基础制约，也与市场机制、政策导向及产业自身特性密切相关。需从产业生态、要素配置、制度设计等维度系统解析深层根源。

一、政策支持精准性与系统性不足

政策支持力度不够精准、政策体系不够完善是导致青稞产业发展缓慢的重要原因之一。虽然国家和地方政府出台了一系列支持青稞产业发展的政策，但政策的针对性和有效性仍有待提高。部分政策缺乏长期性，难以形成稳定的预期，影响了企业投资的积极性。例如，一些补贴政策的期限较短，企业难以进行长期的规划和投入。同时，政策的重点不够突出，未能充分发挥政策的引导作用。例如，一些政策过于注重种植环节的扶持，而忽视了加工、流通等环节的支持，导致产业链条发展不平衡。此外，政策的落实情况也存在差异，部分地区存在政策宣传不到位、补贴发放延迟等问题，影响了政策的实际效果。更重

要的是，缺乏系统性的政策体系，未能形成合力，难以有效推动青稞产业的全面发展。

二、科研投入不足与成果转化机制缺失

科技创新能力不足、科研投入相对较少、科研成果转化率不高是制约青稞产业发展的根本原因。长期以来，青稞科研投入不足，导致青稞品种改良、种植技术、加工技术等方面的研究进展缓慢。同时，科研成果转化率不高，导致科研成果难以转化为实际生产力。这主要是由于科研机构与企业之间的合作不够紧密，科研成果难以满足企业的实际需求。此外，缺乏高素质的科研人才和技术人才，难以支撑青稞产业的创新发展。更重要的是，缺乏对青稞基础研究的重视，导致对青稞的生物学特性、营养成分、功能活性等方面的认识不够深入，难以开发具有自主知识产权的核心技术。

三、市场机制不完善与信息流通阻滞

市场机制不健全、市场信息不对称、市场监管不到位是制约青稞产业发展的重要因素。青稞市场存在信息不对称、交易不规范等问题，导致市场效率低下。由于缺乏有效的市场信息平台，同时，青稞市场存在交易不规范的问题，一些不法商贩以次充好、虚报价格，损害了消费者权益，影响了青稞产业的健康发展。此外，缺乏有效的市场监管，导致假冒伪劣产品泛滥，损害了消费者权益，影响了青稞产业的健康发展。更重要的是，缺乏对青稞市场的有效引导，导致市场秩序混乱，难以形成公平竞争的市场环境。

四、品牌意识淡薄与营销策略滞后

品牌意识淡薄、营销能力不足、缺乏有效的品牌推广策略是导致青稞产业市场竞争力不强的主观原因。部分企业缺乏品牌意识，重生产轻营销，导致青稞产品难以形成品牌效应。长期以来，一些青稞企业过于注重生产环节，而忽视了品牌建设的重要性。这种重生产轻营销的观念，导致青稞产品难以与其他

农产品区分开来，消费者对青稞产品的认知度和信任度较低。同时，缺乏专业的品牌策划和营销团队，难以提升青稞品牌的知名度和美誉度。更重要的是，因缺乏有效的品牌推广策略，导致青稞品牌难以进入主流市场，难以吸引更多的消费者。

五、文化价值挖掘与产业融合不足

文化传承与创新不足、未能充分挖掘和利用青稞的文化价值同样制约了青稞产业发展。青稞作为青藏高原地区的传统农作物，蕴含着丰富的文化内涵。然而，在现代社会，青稞的文化价值未能得到充分挖掘和利用。缺乏对青稞文化的传承和创新，导致青稞产品缺乏文化底蕴，难以吸引消费者的情感共鸣。更重要的是，未能将青稞文化与旅游产业相结合，未能充分发挥青稞的文化价值在促进当地经济发展中的作用。

第三节　主要对策建议

针对青稞产业发展面临的诸多问题和原因，需要采取综合性的对策建议，才能推动青稞产业的可持续发展和高质量提升。这些对策建议需要紧密结合最新的政策导向，充分发挥市场机制的作用，注重科技创新和文化传承，才能取得实效。

一、产品创新战略分析

由于青稞产品发掘及市场探索起步较晚，消费者对其产品及功能价值的认识仍不足，加之生产经营手段匮乏、市场推广不深入，其市场知名度和认可度还不高。一是多数消费者对青稞的产地、营养价值等方面了解不深入，甚至存在一些误解，导致对青稞产品的认可度和接受度不高。例如，有人认为青稞的营养价值不高、口感不好，不能食用，只能作为饲料。二是缺乏品牌影响力。相比其他知名农产品品牌,青稞产品的知名度和影响力比较低,而消费者更容易选择自己熟悉和信任的食品品牌。三是缺乏宣传推广。青稞是区域性主粮,在全国市场上的宣传推广力度不够,很容易使消费者对青稞产品的认识和接受度受限,购买意愿和购买率不高。四是缺乏多样化产品和服务。青稞产品种类较为单一,消费者选择余地较小,难以满足不同消费者的需求和口味,限制了市场竞争力和发展潜力。因此,要提高消费者对青稞产品的认知和认可度,必须加强品牌建设和推广宣传,提高产品质量和附加值,开发多样化产品和服务,以满足不同消费者的需求和口味。要加强科普宣传,提高消费者对青稞的了解和认知,打破其对青稞的误解和偏见。

(一)精准把握青稞产品的"生命周期"

产品的生命周期一般可简单概括为开发、成长、成熟、稳定四个阶段。

(1)开发阶段:主要是对青稞的种植、收获、加工等方面进行探究,确定适合的种植条件和加工工艺,以及市场需求和消费者口味等。

(2)成长阶段:青稞产品的销售量和市场份额不断增加,同时也出现了越来越多的"竞争对手",如燕麦类产品。因此,需要通过不断改进和创新来提高青稞产品的质量和附加值,以满足不断变化的市场需求和消费者口味。

(3)成熟阶段:市场已相对饱和,竞争对手也比较稳定。青稞产品的销售量和市场份额趋于稳定,但增长速度缓慢,需要通过差异化、品牌建设、营销策略等方式,提高竞争力和市场占有率。

(4)稳定阶段:市场需求基本满足,销售量和市场份额逐渐稳定,需要通过减少成本、优化产品结构、转型升级、寻找新的市场机会等方式,延长青稞产品生命周期,尽可能挖掘和利用产品潜力,以更好地适应市场环境和消费者需求的变化。

(二)充分考虑现实需求并因地制宜、充分判断并明确当前青稞产品的市场及推广前景

加强政策引导,精准发力,是推动青稞产业发展的关键。政府应加大对青稞产业的扶持力度,制定更加精准、有效的政策,重点支持青稞深加工、科

技创新、品牌建设和市场流通等环节。例如，可以出台针对青稞深加工企业的税收优惠政策，鼓励企业加大研发投入，开发高附加值的青稞产品。同时，要加强政策宣传，提高政策知晓度，确保政策落到实处。可以通过举办政策宣讲会、发布政策解读等方式，让企业和农户充分了解政策内容，并积极参与到政策的实施过程中。此外，要建立完善的政策评估机制，及时评估政策的实施效果，并根据实际情况进行调整和完善。更重要的是，要构建系统性的政策体系，形成合力，有效推动青稞产业的全面发展。例如，可以制定青稞产业发展规划，明确发展目标、发展重点和发展路径，为青稞产业的发展提供指导。

在国家政策的推动和支持下，青稞产业坚持"有序、有预、有新"的发展原则，推进全方位、多角度的创新升级。

（1）有序。遵从社会主义市场经济的客观规律，遵从大众多元化需求和当下市场经营、消费现状，综合"生命周期"等因素，将青稞产品有序推进市场，避免盲目、无计划的生产经营。围绕青稞加工、研发、文化、技术、食品安全等方面制定切实可行的发展规划，促进青稞产业转型升级，规范产业发展，构建以青稞深加工为核心的生产、加工、营销全产业链体系，促进一二三产业融合发展。

（2）有预。有合理的市场前景预判，通过调整不同种类青稞产品的比重和生产进度，及时制定并调整生产经营策略，有效应对和规避市场潜在风险。

（3）有新。进行青稞产品创新，既要及时改进和更新已有产品，也要不断结合大众消费心理、消费需求推出新产品。加强产业链环节的创新与完善。面对百年未有之大变局带来的新变化，全球经贸体系动荡带来的冲击和国际农产品市场产品多元化的发展趋势，唯有加强创新，才能促使其在"以国内大循环为主体、国内国际双循环相互促进的新发展格局"中抢占先机，更好、更快、更优地发展。

（三）探索新的青稞产品开发、营销策略和销售渠道

在创新战略的实施过程中，要结合市场需求、消费者需求和产业发展趋势，不断探索新的产品开发、营销策略和销售渠道，以推动青稞产业发展，促进

青藏高原地区经济繁荣。

强调青稞产品的营养价值和功能性并加强科普宣传。青稞是最具有高原特色的产品，是宝贵的自然资源，是劳动人民长期栽培的杰作，是保障高原人民生活的最重要物资。青稞富含蛋白质、膳食纤维、维生素和矿物质等营养成分，同时具有降血糖、降血脂、抗氧化等保健作用，是一种优质且特色鲜明的粮食作物，但很多消费者尚不了解这些价值、功效。因此，应积极推进有关科普培训工作，扩大消费群体的认知。在青稞产品的宣传和包装上，要立足优势，扬长避短，突出"特"字，强调其营养价值和功能性。

加强科技投入，坚持高效与优质协同推进。强化科技支撑，提质增效是提升青稞产业竞争力的根本途径。加大青稞科研投入，加强与科研院所的合作，开展青稞品种改良、种植技术、加工技术等方面的研究。可以通过设立青稞科研专项基金、鼓励企业与科研院所联合申报科研项目等方式，加大对青稞科研的投入力度。同时，要加快科技成果转化，推广高产、优质、抗逆的新品种和先进的种植技术，提高青稞产量和品质。可以通过建立科技成果转化平台、举办科技成果推介会等方式，促进科研成果与企业需求的有效对接。此外，要加强对青稞种植、加工技术人才的培养，提高从业人员的素质和技能。更重要的是，要加强对青稞基础研究的重视，深入研究青稞的生物学特性、营养成分、功能活性等，为开发具有自主知识产权的核心技术奠定基础。

加强青稞特色产品研发和生产，发展精深加工。引导青稞加工企业加快结构调整、技术创新，围绕青稞加工企业建设青稞原料基地。在青稞酒、青稞米、青稞面粉、青稞饼干等现有加工产品的基础上，加大研发力度，重点向 β-葡聚糖、黄酮等含量高的高、精青稞产品上发力，做大、做优、做强高端精深加工企业，拓宽产业链，提升价值链。打破发展思维局限，参照其他成熟产品的发展经营和创新策略，例如近年来市场上流行的青稞奶茶、青稞酸奶等。在开发青稞特色产品时，还可以结合当地文化和民俗特点，设计出符合消费者口味和需求的产品，并通过品牌建设、包装设计等手段打造出具有地域特色和文化内涵的青稞产品。明确青稞产品创新主体的发展思路，在保证加工品质的基础上,引导、扶持青稞加工产业向精深方向发展,促进青稞产品加工龙头企业建设,推进青稞产业化经营,开发更多产品,提高青稞的附加值和市场竞争力。

加快青稞流通贸易体系建设,逐步建立稳定的产供销市场流通体系。青稞是一种地域性粮食作物,其产品流通主要集中在西部地区,销售渠道主要是当地集市和商店。因此,应积极促进国家间、区域间、企业间的交流协作,组织青稞产品加工企业、青稞产品研究人员等考察学习其他国家和地区的先进农产品企业,尤其是青稞产品生产加工技术及市场贸易体系构建的关键方法和步骤,积累青稞产品全产业链发展的先进经验。为扩大销售范围,也可以通过电商平台、跨境电商、直播带货等新业态,将青稞产品推广到更多消费者手中。

推进品牌建设,完善营销手段,实现品牌价值最大化和市场营销效果最优化。品牌建设是青稞产品成功营销的基础,在产品创新战略中居重要地位。在此过程中,除了推进产品创新、技术创新外,还应突出品牌的核心价值观念,通过设计符合产品定位和目标消费者需求的品牌标识、包装和形象,以提高品牌识别度和美誉度,借助广告、公关、社交媒体等方式,提升品牌形象,增强品牌影响力和市场竞争力。

加强市场监管,完善相关法律法规,构建公平良性竞争体系。在市场监管方面,建立健全质量检测机制,进行严格检测和抽检,确保青稞产品质量符合标准;加强溯源管理,建立青稞产品的生产、加工、流通、销售全过程监管体系,保障安全、品质和品牌形象;加强价格监管,防止价格虚高或低于成本,保障消费者和生产者的利益;加强市场竞争监测分析,制定合理的市场准入条件和标准,防止市场垄断和不正当竞争。在有关法律法规方面,建立健全青稞产品质量安全标准和检测方法,规范企业生产和产品质量;建立健全青稞产品质量投诉和维权机制,加强对产品质量问题的处理和消费者维权的支持;加强知识产权保护,加大执法力度,打击侵权行为,保障企业的合法权益。

二、品牌建设战略分析

品牌建设是青稞产业高质量发展的重要支撑。通过品牌建设,可以提高青稞产品的知名度和美誉度,增强消费者的购买意愿。

(一)品牌定位

青稞产品的品牌定位应该是健康、营养、高品质。青稞作为一种健康食品,其品牌应强调营养价值和健康功效,注重品质和口感,强调与其他粮食作物的区别和优势。品牌定位的核心是满足消费者需求,需要考虑目标消费者的需求和偏好。

(1)针对健康消费群体,青稞可定位为健康食品,富含蛋白质、纤维、维生素和矿物质等营养成分,可提高人体免疫力,预防疾病。

(2)针对生态消费群体,青稞可定位为生态食品,强调其有机、天然、环保的特点。

(3)针对美容消费群体,青稞可定位为美容食品,含有丰富的抗氧化物质,可延缓衰老、保持肌肤健康。

(4)针对高端消费群体,青稞可定位为高端食品,其生长环境绿色、无污染。

(5)针对传统消费群体,青稞可定位为传统食品,青稞在青藏高原地区有悠久的历史和文化传统。

(6)针对地域消费群体,青稞可定位为地域特色食品,强调产地和文化背景。

(7)针对年轻消费群体,青稞可定位为时尚食品,强调其与时俱进的形象和多样化的食用方式。

(二)品牌形象

青稞品牌的形象应该是健康、自然、高端。青稞作为一种高原作物,其品牌形象应该强调自然、纯净的特点。例如,青稞是采用天然、有机种植方式生产的,没有或很少使用化学农药和化肥。青稞富含蛋白质、纤维素、维生素、矿物质等营养成分,有助于增强人体免疫力、促进消化和代谢。同时,也要注重品牌的高端形象,以提升品牌竞争力。例如,青稞是青藏高原地区的传统口粮,具有浓郁的藏族文化特色,强调青稞的传统文化价值,可增强品牌的高端形象。品牌形象的建立需要通过品牌标志、品牌色彩、品牌口号等多种手段来实现。

(1)品牌标志设计。设计一个独特的品牌标志,以便消费者能轻松识别和记忆。品牌标志应该与青稞的特点和品牌形象相符，例如"青稞谷""青稞源"等。

（2）包装设计。设计吸引消费者的包装，以便其能在超市或商店中轻松找到青稞产品。包装应突出青稞的特点和品牌形象，可使用天然、环保的材料（如纸盒、竹编等），与青稞相关的图案和色彩（如青稞穗、青稞花等），与青稞相关的文化元素（如藏文、藏纹等）。

（3）品牌故事。讲述青稞的品牌故事，包括历史、文化和营养价值，有助于消费者了解品牌，并建立品牌忠诚度。

（4）品牌口号。设计一个简短、易记且与青稞的特点和品牌形象相符合的品牌口号，以便消费者轻松记住品牌。

（5）品牌活动。组织各种品牌活动，如促销、展览和赛事等，以提高品牌知名度和认可度。

（6）品牌合作。与其他品牌合作，如餐厅、超市和健身房等，以扩大品牌影响力和认可度。

（7）品牌形象宣传。通过广告、宣传片、品牌形象视频等方式，宣传品牌形象和产品特点；利用微博、微信、抖音等社交媒体平台与消费者互动，分享品牌故事和产品信息，增加品牌曝光率和认可度。

（三）品牌推广

青稞产品的品牌推广应该是多渠道、多形式的，包括社交媒体、线下活动、明星代言、品牌联合、电商平台等。

（1）社交媒体推广。通过在微博、微信、抖音、快手等社交媒体平台上发布青稞品牌相关内容，吸引目标受众的关注和参与，提高品牌知名度和美誉度。

（2）线下活动推广。举办青稞主题活动，如青稞文化节、青稞美食节等，吸引消费者参与，增加品牌曝光度和口碑。

（3）明星代言推广。邀请知名明星或网红代言青稞品牌，通过他们的影响力和粉丝群体，扩大品牌影响力和认知度。

（4）品牌联合推广。与其他品牌合作推出联名产品或活动，共同吸引消费者的关注和参与，提高品牌知名度和美誉度。

（5）电商平台推广。在淘宝、京东、天猫等电商平台上开设青稞品牌的官方旗舰店，通过优惠促销、口碑评价等方式吸引消费者购买，提高品牌销售额和知名度。

（四）品牌保护

青稞产品的品牌保护是品牌建设的重要环节，既要通过法律手段来保护品牌的知识产权，防止侵犯品牌权益，也要注重品牌形象维护，避免品牌形象受到损害，影响品牌发展。

（1）注册商标。在国家知识产权局进行青稞品牌的商标注册，以确保其独特性和法律保护。

（2）建立品牌形象。包括标志、口号、广告等，以便消费者能快速识别和记住。

（3）控制产品质量。确保青稞产品的质量和口感，以保持消费者对品牌的信任和忠诚度。

（4）维护品牌形象。青稞品牌应保持良好的品牌形象，避免出现负面新闻和事件。

（5）维护知识产权。保护青稞的专利、商业机密等知识产权，防止被抄袭或盗用。

（6）加强品牌管理。建立完善的品牌管理体系，包括品牌战略、品牌定位、品牌价值观等，以确保品牌的打造和长期发展。

（7）打击侵权行为。对侵犯青稞品牌的行为，应及时采取法律手段进行打击，保护合法权益。

（五）品牌服务

（1）通过提供优质的售后服务、积极回应消费者反馈等方式，建立良好的客户关系，增强青稞品牌的忠诚度和口碑效应。

（2）建立青稞品牌形象监测机制，及时发现和解决品牌形象问题，保证青稞品牌传播效果和维护品牌形象。

（3）提高产品质量。青稞是一种健康食品，其品质和口感是消费者选择的重要因素。提高产品质量，确保产品的口感和营养价值，可以提高消费者对品牌的信任度和美誉度。

（4）通过各种方式与消费者互动，如举办品牌活动、提供优惠促销、回应消费者反馈等，增强消费者对品牌的认知和好感度。

（5）加强青稞产品的监管执法，打击假冒伪劣产品和侵犯知识产权的行为，保护品牌形象和消费者权益。

三、市场营销创新战略分析

青稞产品的市场营销创新战略，应从产品定位、市场调研、品牌建设、渠道建设、促销活动五个方面着手。

（一）产品定位

青稞作为一种健康食品，其产品定位应该是高端、健康、天然、绿色。

（1）青稞是一种营养丰富、含有多种维生素和矿物质的粗粮，可以作为健康食品来推广。

（2）青稞是一种生态环境友好的粮食作物，种植过程中基本不需要使用化肥和农药，可以作为绿色食品来推广。

（3）青稞是青藏高原地区藏族群众的传统口粮，具有地域特色，可以作为特色食品来推广。

（4）青稞含有多种营养成分和活性物质，可针对不同的消费群体开发出不同的功能性食品。青稞麦片方便食用，可作为早餐或加餐食用，适合白领和学生群体；青稞可制作成各种风味的面食，如拉面、炸酱面等，适合喜欢吃面食的人群；青稞饼干口感香脆，可作为下午茶或零食，适合喜欢零食的人群；青稞啤酒口感独特、酒精度数适中，适合喜欢喝酒的人群；青稞奶粉富含蛋白质、钙、铁等营养成分，适合婴幼儿和孕妇群体；青稞酸奶含有丰富的益生菌和蛋白质，有助于维护肠道健康，适合喜欢健康饮食的人群；青稞粥、青稞粉易于消化吸收、营养成分丰富，有助于增强身体免疫力，适合老年人和身体虚弱的人群。

（二）市场调研

在推广青稞产品之前，需要对市场进行调研，了解消费者的需求和偏好，以及竞争对手的情况，以便制订更精准的营销策略。

（1）确定青稞产品的目标市场，包括消费者群体、消费习惯、消费需求等。

（2）了解青稞产品的竞争对手，包括产品品牌、产品特点、价格等。

（3）确定青稞产品的定位，包括产品特点、品牌形象、价格等。

（4）通过问卷调查、访谈等方式了解消费者对青稞产品的认知、需求、购买意愿等。

（5）了解青稞产品的销售渠道，包括线上、线下等。

（6）制订合适的市场推广策略，包括广告、促销、公关等。

（7）定期对市场进行监测，了解市场变化和竞争对手的动态，及时调整市场策略。

（三）品牌建设

加强品牌建设，提升竞争力是提高青稞产品附加值的重要手段。鼓励企业加强品牌策划和营销，打造具有地域特色和文化内涵的青稞品牌。可以通过聘请专业的品牌策划团队、参加国内外农产品展销会等方式，提升青稞品牌的知名度和美誉度。同时，要加强品牌保护，打击假冒伪劣产品，维护消费者权益。可以通过建立完善的品牌保护体系、加强市场监管等方式，维护青稞品牌的合法权益。此外，要积极挖掘和利用青稞的文化价值，将青稞文化融入品牌建设中，提升青稞产品的文化内涵。更重要的是，要加强对青稞品牌的宣传推广，提高消费者对青稞品牌的认知度和信任度。

（四）渠道建设

融入市场流通、拓展销售渠道是解决青稞产品销售难题的有效途径。加强青稞产区交通基础设施建设，降低物流成本。可以通过修建公路、改善交通运输条件等方式，降低青稞产品的物流成本。同时，要加强市场信息服务，建立完善的市场信息平台，促进供需信息有效对接。可以通过建立青稞市场信息网站、发布青稞市场行情分析报告等方式，为青稞生产者和消费者提供及时、准确的市场信息。鼓励企业利用电子商务等新兴渠道，拓展销售渠道，提高青稞产品的市场占有率。可以通过与电商平台合作、开展网络营销等方式，扩大青稞产品的销售范围。根据消费群体和销售区域的不同，可以选择合适的销售渠道：线下超市和商场适合于大众消费群体，线上电商平台适合于年轻人和互联网用户，专卖店和品牌店适合于高端消费群体，农村集市和农贸市场适合于农村和中低收入消费群体。更重要的是，要加强对青稞市场的有效引导，规范市场秩序，营造公平竞争的市场环境。

（五）促销活动

促销活动是吸引消费者的重要手段。一是可以通过优惠折扣、赠品促销、满减活动、限时促销、团购活动、积分兑换、会员专享、联合促销等方式，吸引消费者购买青稞产品。二是可以通过举办青稞文化节、青稞美食节等活动，提升青稞产品的品牌知名度和美誉度。可在青稞主产区举办青稞文化节、青稞美食节等文旅活动，通过青稞美食展示、青稞制品制作体验和青稞文化展览，邀请知名厨师和美食家现场演示青稞美食的制作方法和烹饪技巧，以及组织青稞文化展演、民俗表演、旅游推介等体验式旅游活动，吸引游客参与并品尝青稞美食，让更多人了解和喜爱青稞美食。

四、企业管理创新战略分析

青稞产业的企业管理创新战略包括以下几个方面。

（一）强化市场营销策略

通过市场调研和分析，了解消费者需求和竞争对手情况，制订差异化的青稞产品定位和营销策略，提高品牌知名度和市场占有率。

（1）建立品牌形象，增强消费者对青稞产品的信任感和认可度。

（2）拓展销售渠道，如电商平台、超市、专卖店等，扩大青稞产品销售范围，提高产品销售量和市场占有率。

（3）充分运用各种宣传推广手段，如广告、公关活动、赞助活动等，提高青稞产品知名度和美誉度，吸引更多消费者购买。

（4）提高产品质量，如加强品种改良、促进加工工艺创新、改善生产管理等，提高青稞产品品质和口感，增强消费者的购买欲望和忠诚度。

（5）推出差异化产品，如加工食品、保健品等，满足不同消费者的需求，提高产品附加值和市场竞争力。

（6）加强与政府部门、科研机构、相关企业等的合作，共同推动青稞产业的高质量发展，实现互利共赢。

（二）推进数字化转型

强化先进信息技术和数字化设备采用，优化企业内部管理流程和生产流程，提高效率和质量，降低成本和风险。

（1）建立青稞产业数字化平台，包括种植、加工、销售等环节，实现信息共享、数据分析和智能化决策。

（2）利用物联网技术对青稞种植环境、生长状态、病虫害发生等进行实时监测和分析，提高生产效率和质量。

（3）利用大数据技术对青稞产业的产品需求、消费者偏好等进行深入研究，为企业决策提供科学依据。

（4）引入智能化生产设备和技术，提高生产效率和产品质量，降低生产成本。

（5）加强青稞产业数字化转型相关人才的培养和引进，提高企业数字化转型的能力和水平。

（6）加强政策支持，鼓励企业进行数字化转型，提高青稞产业的市场竞争力和发展水平。

（三）加强人才培养和管理

加强人才培养，提升产业发展后劲是青稞产业可持续发展的保障。加强对青稞种植、加工、营销、管理等方面人才的培养，提高从业人员的素质和技能。可以通过与高校合作、开展职业技能培训等方式，培养青稞产业发展所需的人才。同时，要改善青藏高原地区的人才发展环境，吸引和留住优秀人才。可以通过提高工资待遇、改善工作条件等方式，吸引更多的人才加入青稞产业的发展中来。更重要的是，要建立健全专业化服务体系，为青稞生产提供技术指导、市场信息、金融支持等服务。此外，要提高产业组织化程度，鼓励农民合作社、龙头企业等发展，形成规模效应和市场竞争力。

（四）拓展国际市场

积极开拓国际市场，加强与国际知名企业的合作与交流，提高产品质量和品牌形象，实现企业国际化发展。

（1）加强品牌建设和质量控制，提高青稞产品品质和知名度，增强市场竞争力。

（2）通过参加国际展览、举办推介会、开展市场调研等方式，提高青稞产品的国际知名度，拓展国际市场。

（3）与更多国际贸易伙伴建立长期稳定的合作关系，开展贸易往来，推动青稞产品的国际化发展。

（4）通过技术研发和创新，提高青稞产品的附加值和竞争力，满足国际市场需求。

（5）加大青稞产业支持力度，制定相关支持政策和措施，为青稞产品国际化发展提供有力保障。

（五）加强社会责任和环境保护

注重企业社会责任和环境保护，积极参与公益事业和环保活动，提高企业社会形象和公信力。

（1）承担社会责任，与当地青稞种植户建立紧密的利益联结机制，带动更多农户增收致富，促进当地经济发展。

（2）注重环境保护，采用可持续的生产方式与技术，提高资源利用效率，减少污染排放，降低对环境的影响。

（3）注重保护和尊重当地传统文化习俗和宗教信仰。

（4）与各利益相关方共同努力，推广环保技术和理念，提高公众环保意识，共同推动青稞产业健康发展。

附录

2024年中国青稞产业大事记

一、政策与规划

《国家全谷物行动计划（2024—2035年）》发布

2024年12月，国家发展和改革委员会、国家粮食和物资储备局等七部门印发《国家全谷物行动计划（2024—2035年）》（以下简称《计划》）。《计划》总体要求，到2035年，人民群众对全谷物认知水平明显提高，全谷物在居民膳食消费中的比重明显增加，全谷物消费水平基本与我国经济社会发展水平相匹配。青稞作为一种优质的全谷物资源，可以有效丰富市场上的全谷物食品种类，满足不同消费者的需求。与精制谷物相比，青稞含有更多的膳食纤维、B族维生素和矿物质，有助于改善居民的膳食结构，提高营养水平。通过《计划》的推动，可以显著提升青稞产品的附加值，促进当地产业发展，助力乡村振兴。

《关于践行大食物观构建多元化食物供给体系的意见》发布

2024年9月，国务院办公厅《关于践行大食物观构建多元化食物供给体系的意见》正式发布（以下简称《意见》）。《意见》提出构建"多元化食物"供给体系，不仅是关于食物种类的多样性，更涉及拓宽食物来源、提升生产方式、改进消费习惯等多个方面，形成了一个涵盖国民营养与健康、生态与经济平衡、社会可持续发展等广泛领域的综合性战略。作为全谷物食品的重要原料，《意见》为青稞产业的高附加值发展提供了政策支持，将带动其加工技术创新与产业链延伸。

2024 版食养指南发布

2024年2月，国家卫生健康委印发《成人高尿酸血症与痛风食养指南（2024年版）》《成人肥胖食养指南（2024年版）》《儿童青少年肥胖食养指南（2024年版）》《成人慢性肾脏病食养指南（2024年版）》，旨在发挥现代营养学和传统食养中西医联合的优势，将食药物质、新食品原料融入合理膳食，针对不同季节、不同地区、不同人群提供食谱套餐示例和营养健康建议，提升膳食指导的适用性和可操作性。食养指南鼓励居民参考指南推荐内容，结合自身情况合理搭配日常膳食。其中，将青稞作为多种人群的推荐食品，纳入推荐食谱。

2024 年青稞生产技术指导意见发布

近年主产区条纹病、云纹病、网斑病、穗腐病等病害不同程度发生，为进一步加强青稞病害防控，引导绿色高效种植，促进青稞生产发展，农业农村部小宗粮豆专家指导组会同全国农业技术推广服务中心以"选择良种、合理轮作、适期播种、科学肥水、控草防病"为重点提出2024年青稞生产技术指导意见。

科技界和企业界联合推动青稞产业高质量发展倡议书发布

2025年1月8日，青稞产业高质量发展研讨会、国家大麦青稞产业技术体系2024年度工作总结暨人员考评会在云南昆明举行。会上，科研界和企业界代表共同发起"科技界企业界联合推动青稞产业高质量发展倡议书"，倡议聚势培育青稞企业、聚智升级青稞产业、聚能引导青稞消费，共同发动青稞产业链上下游科研机构、企业以及合作伙伴，积极投身"强青稞、助健康"事业，推动高原地区农业发展和乡村振兴。来自中国农业科学院、西藏自治区农牧科学院、云南省农业科学院等科研院所的青稞产业科研专家学者以及相关企业家，围绕如何加强科技创新和产业创新融合发展、推动青稞产业高质量发展进行了实践经验和前沿观点分享。

二、科技创新与成果

黑青稞新品创青海省黑青稞有史以来最高产量纪录

2024年9月，由青海省农作物种子站、青海省农业技术推广总站、青海省农林科学院、海南藏族自治州农牧业综合服务中心等有关专家，对黑青稞新品系BQ17346（拟定名北青16号）进行田间测产，通过现场实收、称重，亩产量达到563.63千克，创青海省黑青稞有史以来最高产量纪录。该品系由海北州农牧综合服务中心（国家大麦产业技术体系海北试验站）和青海省农林科学院（国家大麦产业技术体系高原旱地青稞育种岗）以高产为主要育种目标，综合考虑优质、抗倒伏、广适性等因素进行选育，具有高产、优质、抗倒伏的特点。其蛋白质含量为12.1%，膳食纤维13.74%，β-葡聚糖4.01%，是一个典型的高蛋白、低脂肪、高纤维的黑青稞品系。

早熟春青稞新种质培育取得实质性进展

西藏自治区农牧科学院粮草复种团队针对早熟青稞品种匮乏、饲草与粮食争地、复种面积难以有效提高等问题，通过9年的长期系统选育，成功创制培育出了4个组合160余份，于2024年4月上中旬播种，7月中下旬可正常成熟收获的早熟春青稞新种质材料，有望从中优选出2~3份综合性状较好的苗头品系。这些新种质材料普遍具有早熟、耐旱、抗倒、耐密植等优点，但也存在着抗寒性一般、穗粒数和千粒重较低等不足，需进一步改进提升。早熟春青稞新种质材料的创制成功，为早熟春青稞新品种的培育提供了最重要的育种"芯片"，团队有望在3年内选育出可推广应用的早熟春青稞新品种。

西藏奇正青稞成果获中国食品科学技术学会 2024 年度科技进步二等奖

2024年11月3日，以"使命驱动下的食品科技与发展"为主题的中国食品科学技术学会第二十一届年会在重庆召开。由西藏奇正青稞健康科技有限公司完成的科技成果《青稞高纤粉的创新性开发研究及应用》，荣获中国食品科学技术学会2024年度科技进步二等奖，该成果为青稞产品的深度开发与品质提升奠定了坚实基础。

青稞科技小院荣获国家级农业科技小院

2024年中央一号文件提出，要"推广科技小院模式，鼓励科研院所、高校专家服务农业农村"。2024年7月，中国农村专业技术协会公布了《关于同意设立"中国农村专业技术协会科技小院"的批复》，确定在全国范围内设立93家科技小院。四川阿坝青稞科技小院再次入选"国家队"，成为全国第一个以青稞品种筛选及种植研发为主的科技小院。

三、产业与经济发展

天佑德青稞酒"10万吨酒糟新型环保饲料项目"试（投）产

2024年6月12日，青海互助天佑德青稞酒股份有限公司和青海再生营养生物科技有限公司战略合作的年加工10万吨酒糟新型环保饲料项目试（投）产仪式在天佑德公司安定厂区青稞产业园举行，标志着青稞酒糟下游精深加工开发迈出了实质性的一步，也为当地酒糟产业发展和延伸养殖产业注入了新的动力。

西藏江孜青稞精深加工产业初具规模

西藏日喀则市江孜县是西藏青稞主产区之一和良种基地，2024年青稞种植面积11.66万亩，产量达6.2万吨。当地青稞精深加工产业初具规模，从传统的青稞糌粑、青稞酒，到现代化生产线制成的饼干、面包、罐装酒，从缺乏外销渠道，到销往上海等大都市，江孜县近年来开辟青稞精深加工这一高原特色产业发展新赛道，2024年产值1.48亿元，较上年增长66%。

奇正青稞多款新品上市

在2024年，奇正青稞创新了多款产品，包括低GI青稞面、黑青稞吐司、黑金青稞麦片、青稞全谷脆、全麦脆、高纤高蛋白青稞麦片、青稞六谷萃、青稞黄芪面叶、雪山植萃·青稞厚乳等。这些新品的推出，进一步丰富了青稞的产品线，满足了不同消费群体的需求，为市场注入了新的活力。

青稞精深加工产品入选2024年六大热门预包装食品低GI榜单

金龙鱼70%黑青稞苦荞挂面（GI值34）、奇正青稞脆片（GI值52）、丁香青稞面（GI值54）入选2024年度六大热门预包装食品低GI榜单。本健康营养榜由"NutriData"数据库（与中国营养学会共建的营养健康综合信息数据库，网址www.nutridata.cn/home）提供产品数据支持，主要从产品的GI值、营养成分优势分析。此次入选彰显了青稞产品在健康食品领域的卓越品质与独特优势，获得市场与专业机构的高度认可。

四、学术与文化

唐亚伟获"2024年度三农人物致敬团队"荣誉称号

2024年度三农人物推介活动以"千万工程，筑梦田野"为主题，继续以"责任、创新、奉献、引领"为推介标准，突出年度性、引领性、影响力、传播力。由包括西藏自治区农科院农业所党委副书记、所长、国家大麦青稞产业技术体系副首席科学家、西藏作物学会理事长唐亚伟在内的7名农业科学家组成的"科技天团"荣获"2024年度三农人物致敬团队"。唐亚伟同志长期从事青稞种质资源鉴定与挖掘利用、新品种培育、集成示范与技术服务等研究工作，二十多年来主持培育具有高产等优异性状新品系50余个，参与选育藏青690、藏青25、冬青17号等青稞新品种，累计示范推广24.5万余亩。

中国青稞酒产业高质量发展大会召开

2024年7月10日，2024年中国青稞酒产业高质量发展大会暨中国白酒产区高质量发展峰会在青海省海东市互助土族自治县大剧院召开。本次峰会通过院士报告（中国白酒研究进展）、产区代表主题演讲、中国青稞酒核心产区公共标识揭牌仪式、青稞酒"零碳行动"成果报告等形式，深入交流思想，分享前沿成果，共谋合作良机，以创新为驱动，以绿色为底色，共同绘制中国青稞酒产业高质量发展的宏伟蓝图。

2024年西藏江孜青稞美食节在上海成功举办

2024年5月8日，2024年西藏江孜青稞美食节在浦东的盒马鲜生拉开帷幕。此次活动由上海市浦东新区人民政府、中共江孜县委员会、江孜县人民政府主办，由上海市第十批援藏干部江孜联络小组、上海盒马网络科技有限公司承办。为了能让更多上海市民亲身感受青稞的魅力，现场特别设置了青稞文化展示区，展出各类青稞制品，并通过现场制作青稞酒面、青稞燕麦粥等食品，让市民们品尝高原美味。目前，青稞紫米饼、青稞燕麦蕨麻粥料、高纤低糖青稞牛油果薄脆饼干、青稞低GI多谷物面等商品在盒马线上线下热销。

阿坝县2024年扎崇文化旅游季暨青稞丰收节成功举办

2024年10月，阿坝县2024年扎崇文化旅游季暨青稞丰收节盛大开幕，涵盖民俗运动会、商贸展、农机农具展、二十四节气光影长廊等系列活动，着力推动农文旅产业深度融合、释放动能，促进商品贸易提档升级、繁荣发展，不断擦亮"阿坝的阿坝·最厚的净土"金字招牌。扎崇节具有悠久的历史传承和文化底蕴，是阿坝县人民特有的传统商贸节日，传承发展到如今的"青稞丰收节"是做好新时代三农工作的具体实践。此次活动上，省科协副主席辜彬为四川阿坝青稞科技小院授牌，确定阿坝县作为"青稞文学奖永久颁奖地"，《民族文学》主编陈亚军为青稞文学奖永久颁奖地授牌。

西藏普兰白青稞入选2024年第二批"气候好产品"

2024年12月16日，第二批"气候好产品"在江西新余发布，此次共发布了西藏普兰白青稞等9个"气候好产品"。"气候好产品"认证是采用科学指标分析农产品的气候品质价值，结合国家市场监管总局对农产品核心生产企业的认证结果，评定得出"气候好产品"结论。普兰县属高原温带季风干旱气候，具有日照充足、年气温差大、气温低、降水少等气候特点。独特的气候条件，使白青稞品种在生产过程中浇肥少、病虫害轻、土地无污染，是天然的绿色食品，确保了白青稞的高品质。普兰白青稞富含蛋白质、膳食纤维及多种氨基酸，是高原地区人民的主食之一，也受到现代人群喜爱。

天佑德青稞酒获诺贝尔奖得主高度赞赏

2024年10月19日—21日，由海南大学、中国科协生命科学学会联合体共同主办的"2024世界生命科学大会"在海南博鳌国际会议中心正式开幕。天佑德青稞酒作为指定用酒亮相此次大会，赢得了1991年诺贝尔奖得主Erwin Neher教授和外籍专家Evangelos Tatsis的高度评价和赞赏。

参考文献

[1] 农业部. 农业部关于藏区青稞生物学与遗传育种重点实验室建设项目可行性研究报告的批复[R/OL]. (2016-07-27).http://www.moa.gov.cn/govpublic/FZJHS/201607/t201607275219286.htm.

[2] 科技部,西藏自治区人民政府. 科技部西藏自治区人民政府关于批准建设省部共建青稞和牦牛种质资源与遗传改良国家重点实验室的通知[R/OL]. (2017-01-10).https://www.most.gov.cn/xxgk/xinxifenlei/fdzdgknr/qtwj/qtwj2016/201701/t20170110_130366.html.

[3] 农业农村部. 农业农村部关于认定第二批国家区域性良种繁育基地的通知[R/OL]. (2019-06-17).http://www.zys.moa.gov.cn/gzdt/201906/t20190617_6317863.htm.

[4] 中共中央、国务院. 中共中央国务院关于加大统筹城乡发展力度进一步夯实农业农村发展基础的若干意见[R/OL]. (2015-06-04).http://www.ltxgbj.moa.gov.cn/jywt/201506/t20150604_6298578.htm.

[5] 农业部. 关于印发《全国农业可持续发展规划（2015—2030年）》的通知[R/OL]. (2015-05-27).http://www.moa.gov.cn/gk/ghjh_1/201505/t20150527_4620031.htm.

[6] 国务院. 国务院关于印发《全国农业现代化规划（2016—2020年）》的通知[R/OL]. (2016-10-20).http://www.gov.cn/zhengce/content/2016-10/20/content_5122217.htm.

[7] 农业部. 农业部关于印发《全国农业机械化发展第十三个五年规划》的通知[R/OL]. (2017-01-05).http://www.moa.gov.cn/gk/ghjh_1/201701/t20170105_5424545.htm.

[8] 农业部. 农业部关于印发《全国种植业结构调整规划（2016—2020年）》的通知[R/OL]. (2016-04-28).http://www.gov.cn/xinwen/2016-04/28/content_5068722.htm.

[9] 农业农村部. 农业农村部关于印发《"十四五"全国农业农村科技发展规划》的通知[R/OL]. (2021-12-29).http://www.moa.gov.cn/govpublic/KJJYS/202112/t20211229_6385942.htm.

[10] 农业农村部. 农业农村部关于印发《"十四五"全国种植业发展规划》的通知[R/OL]. (2022-04-01).http://www.moa.gov.cn/nybgb/2022/202202/202204/t20220401_6395092.htm.

[11] 赵萌萌:《青稞麸皮加工特性研究及开发应用》,青海大学学位论文2021年。

[12] 耿宁宁:《鲜食玉米苞叶不溶性膳食纤维改性及功能性质》,江苏大学学位论文2022年。

[13] 罗龙龙:《青稞麸皮脂溶性提取物辅助降血糖效果的研究》,西北民族大学学位论文2022年。

[14] 何海:《基于高压均质环境中不同类型多酚化合物调控大米淀粉消化性能的分子机制探讨》,华南理工大学学位论文2020年。

[15] Zhao B, Wang L, Shang J, et al. Application of pearling in modified roller milling of hull-less barley and effect on noodles quality[J]. Journal of Food Processing and Preservation, 2020, 44(11): e14838.

[16] Li S, Wang M, Li C, et al. Beneficial Effects of Partly Milled Highland Barley on the Prevention of High-Fat Diet-Induced Glycometabolic Disorder and the Modulation of Gut Microbiota in Mice. Nutrients, 2022,14, 762.

[17] Xi H, Wang A, Qin W, et al. The structural and functional properties of dietary fibre extracts obtained from highland barley bran through different steam explosion-assisted treatments[J]. Food Chemistry, 2023, 406: 135025.

[18] 王佳欣、黎阳、李再贵:《不同粒径对青稞麸皮结构与功能特性及冲调稳定性的影响》,《食品科学》2022年第3期,第54—61页。

[19] 杨希娟、党斌、耿贵工等:《青稞谷物饮料酶解工艺的研究》,《农业机械》2012年第30期,第71—75页。

后　记

　　《中国青稞产业发展蓝皮书（2024）》是中国乡村发展志愿服务促进会（以下简称"促进会"）组织编写的乡村振兴特色优势产业培育工程丛书之一，是促进会在《中国青稞产业发展蓝皮书（2022）》《中国青稞产业发展蓝皮书（2023）》基础上重点聚焦2024年我国青稞产业发展动态撰写的关于青稞产业发展的蓝皮书。按照促进会的总体部署，由中国农业科学院农产品加工研究所、农业农村部食物与营养发展研究所、西藏奇正青稞健康科技有限公司、中国农业科学院农业质量标准与检测技术研究所、四川农业大学、北京农学院、青海大学、西藏自治区农牧科学院、云南农业大学、甘肃省农业工程技术研究院的相关专家共同组成编委会，通过编写组成员通力合作、深入调研、查阅文献、企业座谈、数据分析，共同完成初稿的撰写。该书初稿又经促进会统一组织的专家初审会和专家评审会评审后，结合专家评审意见和建议，经反复修改完善，最终成书。

　　《中国青稞产业发展蓝皮书（2024）》根据中国农业科学院王凤忠研究员的总体撰写提纲，由王丽丽设计撰写方案、全程跟进各章撰写并进行全文统稿，范蓓、佟立涛、程若琼、佘永新、黎阳、张悦、张娜娜、孙培培对本蓝皮书各章节进行细化汇总。

　　本书撰写人员具体分工如下：

　　绪　论

　　　　　王凤忠、范蓓

　　第一章　青稞产业发展基本情况

　　　　　王丽丽、程若琼

　　第二章　青稞产业发展外部环境

　　　　　张悦、佘永新

218

第三章　青稞产业发展重点区域

　　　　　杨希娟、张娜娜、张文刚

第四章　青稞产业发展重点企业

　　　　　孙培培、黄亚涛、冯宗云

第五章　青稞产业发展的代表性产品

　　　　　黎阳、王昊然、王雪青

第六章　青稞产业发展效益评价

　　　　　张文会、刘丽娅、孙晶

第七章　青稞产业发展趋势与对策

　　　　　刘佳萌、陶然、党斌

附　录　2024年中国青稞产业大事记

　　　　　王丽丽、佟立涛、王学兵、曾亚文

　　本书在数据采集、调研等工作中，得到"十四五"国家重点研发计划项目（2021YFD1600100,2022YFF1100501-3,2023YFD1600302）、青海省重大科技专项（2021-NK-A3）、拉萨市重点科技计划（LSKJ202431）等项目的支持。

　　在中国乡村发展志愿服务促进会的统筹指导和有力推动下，《中国青稞产业发展蓝皮书（2024）》编写任务得以高质量完成。本书由编委会主任刘永富会长审核。在此，向参与蓝皮书整体策划、专题撰写和学术评审的各位专家表示衷心感谢！正因为各位专家的学术贡献和辛勤付出，才保障了本书的顺利出版。同时，向中国出版集团研究出版社致以深深谢意，感谢他们对本书给予的充分重视和全力协助，在紧张的出版节奏和严格的质量标准下，投入了大量的专业精力和工作心血。感谢本书所引用和参考的各类文献资料的原作者们，正是这些宝贵的研究成果为本书奠定了重要的理论基础和实践依据。受编写周期和信息容量限制，本书或有疏漏和不完善之处，诚恳期待各位专家学者和广大读者朋友给予批评指正。

本书编写组

2025年5月